生活因阅读而精彩

生活因阅读而精彩

# 水的哲学 山的智慧

静恒◎著

山与水，一刚一柔，对立又统一。山水相依，有山有水，才有无边风景。万事万物都一样，刚柔并济，阴阳协调，才能和谐。

中国华侨出版社

**图书在版编目(CIP)数据**

山的智慧，水的哲学 / 静恒著.—北京：
中国华侨出版社,2014.4

ISBN 978-7-5113-4572-1

Ⅰ.①山⋯ Ⅱ.①静⋯ Ⅲ.①古代哲学-研究-中国
Ⅳ.①B215

中国版本图书馆 CIP 数据核字(2014)第085625 号

**山的智慧，水的哲学**

著　　者 / 静　恒
责任编辑 / 严晓慧
责任校对 / 王京燕
经　　销 / 新华书店
开　　本 / 787 毫米×1092 毫米　1/16　印张/17　字数/260 千字
印　　刷 / 北京军迪印刷有限责任公司
版　　次 / 2014 年 6 月第 1 版　2020 年 5 月第 2 次印刷
书　　号 / ISBN 978-7-5113-4572-1
定　　价 / 48.00元

中国华侨出版社　北京市朝阳区静安里 26 号通成达大厦 3 层　邮编：100028
**法律顾问:陈鹰律师事务所**
编辑部:(010)64443056　　64443979
发行部:(010)64443051　　传真:(010)64439708
网址:www.oveaschin.com
E-mail:oveaschin@sina.com

# 前　言

在自然界，无论是山水草木，还是鱼鸟花虫，都物竞天择，繁衍千古。人类作为自然界的一个物种，在几百万年的繁衍生息中，与自然万物不仅在精神实质上是相通的，而且在外在表现上也有很多相同、相似的地方。当人类实现了心灵世界与自然精神的融会沟通，就会惊奇地发现，平淡无奇的山水草木、花鸟鱼虫给了我们许多人生的启迪。

孔子所谓"智者乐水，仁者乐山"，便是中国思想史关于人与自然的最早领悟，历代文人墨客泼墨自然、寄情山水的诗词书画就是最好的证明。

当年，范仲淹在赞颂桐庐郡严子陵先生时写道："云山苍苍，江水泱泱。"山，不仅代表着恒久和安详，更象征着崇高、稳重、宽厚、大度与刚毅。水，则代表着柔软、圆润和曲达。你看，山水和人类之间存在着多么玄妙的共性，难怪自古以来注重自身修养的人都把山水精神作为他们的人生标杆。

山的智慧，不是昂首天外，居高临下，盛气凌人，目空一切，而是用默默无声来诠释品德之高，见识之广，智慧之深。

山的智慧，不见异思迁，不随波逐流，不轻言放弃，而是用刚毅与执着，在是与非、对与错、黑与白之间坚守着道德与精神底线，勇于直面人生所有的际遇变迁，而岿然不动。

山的智慧，临谤不戚，受誉不喜，遭辱不怒，厚德以载物。它拥有一个博大而精深、丰润而宽厚的内心世界，以稳重、宽厚、大度与刚毅，换得天地间千万年的昂然矗立。

有山有水才是完美的风景，山水相依才是最和谐的画卷。人生应如高山一样巍峨挺拔、宽厚大度，亦当如大海之水一样坦荡恣意、温婉流畅。

水的哲学便在于润物无言、宽厚包容、以柔克刚、滴水穿石、随机应变、无形化有形。

我们常说上善若水，厚德载物。水温和纯净，流畅自然，细致而奔放，超强的适应能力并非无原则的妥协，而是以柔克刚——水持之以恒地用时间来证明一切。人生何不是如此。

人生的至高修养便是将二者精神有机融合，如山，如水，才能做到既圆润又不失原则，既刚正又不失和气，既稳重又不失灵动，既大度又不失细腻，既刚柔并济又和谐共生。

基于此，本书分为上下两篇，上篇从信仰、原则、稳重、意志、担当、内涵入题，下篇从追求、姿态、能力、毅力、机变、胸怀入题，生动形象地讲解了如山的智慧和如水的哲学，这种中国人独有的人生哲学将给你当下的生活和工作带来有益启示。

# 目录
## CONTENTS

## 上篇　山的智慧
### ——如何拥有非凡的人生

无论你的财富多少，无论你的事业处于何等境地，只要你拥有丰富高尚的精神世界，即有崇高的信仰，坚守原则，沉稳坚定，深邃大度，勇于担当，你就是富有的、高贵的，你就能拥有一个非凡的人生。

### 第一章　如山的信念：
### 　　　　起点再低，你也有仰望星空的权力

## 第四章　如山的意志：
## 跌倒了就爬起来，做个硬骨头

## 第五章　如山的担当：
## 勇于挑战，无惧艰验

## 第六章　如山的深邃：
### 可留意于物，但不要流连于物

## 下篇　水的哲学
### ——顺势而为的智慧

山不转水转，你不变我变。不计较、不纠结、不停留，遇事委婉、融通、低调、豁达、坚韧，哪怕只有很小的空间，哪怕高山深堑，都能见机行事、顺势而为、应变自如，最终取得成功。

## 第七章　如水的追求：
### 大江东去，目标不移

## 第十章　如水的毅力：
### 绝望时再坚持一下，便可能绝处逢生

## 第十一章　如水的灵动：
### 随机应变，思定而后动

## 第十二章　如水的豁达：
### 容天下难容之事，则必成人中之杰

# 上篇 山的智慧

——如何拥有非凡的人生

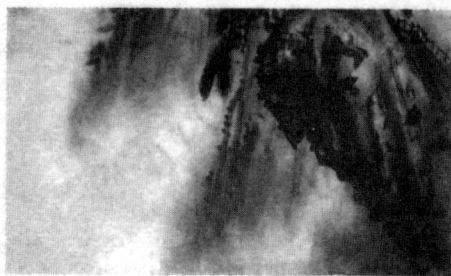

无论你的财富多少，无论你的事业处于何等境地，只要你拥有丰富高尚的精神世界，即有崇高的信仰，坚守原则，沉稳坚定，深邃大度，勇于担当，你就是富有的、高贵的，你就能拥有一个非凡的人生。

# 第一章 / 如山的信念：
## 起点再低，你也有仰望星空的权力

如山坚定，志存高远。你的出身不高，但不可以没有高尚的品质；你的起点可以不高，但不可以没有崇高的信仰，有崇高的信仰才拥有高远的志向，才可能攀登到理想的高度，才可能登临峰顶，一览众山小，领略到人生的无限风光。

## 1. 没有如山的信念，何谈绝顶的人生

有一句古话："法乎其上，得乎其中；法乎其中，得乎其下。"意思是说，做一件事，如果你期望达到中等水平，结果你可能拿个下等，但是如果你把目标定位在上等水平，你就有可能取得中等水平。

人生如同一栋栋大厦，有的直指青天，有的却低矮阴暗，有的坚不可摧，有的摇摇欲坠。是什么造成了这些不同？便是信念。

我们都知道，在盖楼之前一定要有明确的规划，绘制出清晰的蓝图，然后根据规划和蓝图打地基、建房子。那些楼房盖得高的，一定是从一开始就明确了"摩天大楼"的目标，在这个明确信念的指引下步步为营。而那些只

想着建一层看一层的人，房子盖到三层就可能因为地基或其他种种限制而无法建得更高了。

人生也是如此，如果不从一开始就树立起如山般崇高的信念，走一步看一步，人生大厦自然无法高大，一生便难有很高的成就。

信念如山。我们要将目光放远，从最高峰审视我们的人生，以此树立起崇高的目标，不能做井底之蛙，满足于眼前的一方蓝天。

人生的轨迹不是预定的。坚定而崇高的信念永远都是一股巨大的力量，指引我们前进的方向。当我们被现实生活的重重困难、种种琐碎所阻碍、所消磨的时候，当"现实"遮掩了我们对未来的希冀的时候，只有靠着崇高的信仰，我们才能"不畏浮云遮望眼"，才能如站在山顶一般越过这些鸡毛蒜皮而看到人生的方向。

1952年7月4日清晨，一个34岁的女人从卡塔弗纳岛涉水下到太平洋中，开始向加州海岸游过去。要是今天成功了，她就是第一个横渡这个海峡的妇女，这名妇女叫费罗伦丝·查德威克。

那天早晨，加利福尼亚海岸笼罩在浓雾中，海水冰凉刺骨，费罗伦丝被冻得全身发麻。千千万万的人在电视上看着，她在汪洋大海中不停地向前游着，有几次鲨鱼靠近了她，被工作人员开枪吓跑了。

时间一个钟头一个钟头过去了，除了浓雾，费罗伦丝已经看不到任何标志，她感觉自己累极了，便向护送船只求救。母亲和教练也在船上，他们说离海岸很近了，叫费罗伦丝不要放弃，但费罗伦丝说回答除了浓雾自己什么也看不到。

几十分钟之后——从出发算起15个钟头零55分钟之后，人们把费罗伦丝拉上船。可实际上，她被拉上来的地点离加州海岸只有半英里！费罗伦丝不无遗憾地说："说实话，如果当时我看见陆地，我一定能坚持下来。"

对于精疲力竭的费罗伦丝来说，陆地代表了她的希望和信念。如果能看到陆地——心中抱有信念，她本可以坚持，然而就是因为对于信念的疑虑，使得她在离成功咫尺之遥的时候选择了放弃。

一个心中没有信念或者缺乏信念的人，是很难赢得成功的，只能做一个平凡者、平庸者。正如俄国文学家列宾所说："没有坚定原则的人是无用的人，没有崇高信念的人是空虚的废物。"

客利福布朗士队和旧金山四九人队在旧金山举行比赛时，一个腿脚不便的小男孩一拐一拐地走到球场去为他的偶像人物吉姆·布朗加油。买不起门票的他只能等到比赛快结束时混进去，观赏最后几分钟。

比赛结束后，这个小男孩和自己的偶像在一家冰激凌店相遇。小男孩激动地走到布朗面前，大声说："布朗先生，我是您的忠实球迷。我记下了你的每一项纪录，每一次运动。"

"真不错，谢谢你。"布朗和善地说。

小男孩挺直了胸膛，坚定地说："布朗先生，终有一天我会打破你的每一项纪录。"

布朗微笑着问他："孩子，你叫什么名字？"

小男孩十分得意地笑着说："先生，我叫澳仑索！"

几年后，一个年轻选手打破了布朗所保持的一切记录，这个选手的名字叫作澳仑索·辛普生。

正是因为怀着这样如山的信念，一个小男孩最终超越了自己的偶像。

不管在什么时候，处在什么样的困境之中，我们都要保持如山的信念，才能赢得人生的辉煌。当我们多了一分毅力，多了一分坚持，那么我们就多了一分成功的可能，这样我们才能如愿以偿，摘得胜利的桂冠。

亨利·福特说："所谓的障碍，就是你把目光从目标移开时所见到的丑恶东西。"信念，是蕴藏在心中的一团永不熄灭的火焰，并以此指引人们前进的方向。信念，是保证一生追求目标成功的内在驱动力，是成功的起点。如果个人没有目标，就只能在人生的旅途上徘徊，永远到不了终点。

信念并不是虚无缥缈的东西，更不是英雄伟人的专利。信念就存在于每个人的心里，体现在每一天的实际生活中。信念，要有坚定不移的观念，更要实实在在地践行，信之愈深，念之愈远。

## 2. 起点再低，你也有仰望星空的权力

成功的人，有人出身豪门，从一开始便含着金钥匙降生，一路站在巨人的肩膀上；也有人出身寒门，吃尽苦头终于守得云开见月明。高的起点也许更容易接近成功，却也容易被舒适的生活所打扰，而低起点追寻成功也许走更远的路，但在苦难的磨砺下反而更加坚毅，更容易坚持向前。

因此，一个人能否成功并不在于他的出身如何，起点如何，而在于他有没有一个崇高如山、坚定如山的信念，在于当他在泥泞的道路上前行时，有没有仰望星空的信仰。

正如亚里士多德所说："明白自己一生在追求什么目标非常重要，因为那就像弓箭手瞄准箭靶，我们会更有机会得到自己想要的东西。"对于一个心

中有目标的人，即使开始起点再低，也一定能依靠信念成为成功的创造者，这也是所有在某一领域取得成功的人之所以能够成功的先决条件。

小罗杰出生在美国纽约大沙头贫民窟，那是纽约市环境最肮脏、最暴力的地方。在那个地方出生的孩子，像逃学、打架斗殴、偷窃、吸毒等行为简直就是家常便饭，在那里长大的孩子很少能走上正道，更别说能有所成就了。

然而，小罗杰却是个例外。当小罗杰就读于贫民窟小学时，皮尔·保罗任该小学校长。包括小罗杰在内的所有孩子们都不配合老师的工作，他们三天两头地旷课、打架斗殴，几乎天天有流血事件发生。他们在兴头上还会砸黑板，辱骂老师，破坏学校公物，皮尔当时想了很多办法来引导这群孩子，可成效不大。

一次，皮尔正在课堂上说教，小罗杰一个跟头从窗台外蹿进来，并伸着手指向皮尔，正打算轰他下台。这时，皮尔灵机一动说道："嘿，瞧瞧你的手指，真长啊，我想将来纽约州的州长非你莫属！"小罗杰大吃一惊，从小到大，这是第一次听到如此振奋人心的话。竟然有人说他一个贫民窟的小流氓能做纽约州的州长，小罗杰简直喜出望外。从此，他记下了这句话，而成为纽约州长成为了他的理想和目标。

从那天起，纽约州州长这一信念就在小罗杰的心里埋下了种子。小罗杰从当下做起，他变得文明了，说话不带脏字，衣服也不再邋里邋遢。他学着纽约州州长的样子开始挺着胸膛走路，而从那天起40年来，他几乎没有一天不是按照州长的身份来要求自己的。等到了51岁那年，他终于成为了纽约州的州长，而他就是美国第一位黑人州长罗杰·罗尔斯。

在就职记者招待会上，罗杰没有谈他是怎样度过重重艰难困苦而成为州长的，他只是谈了以上的事，因为他相信，是他上小学时期皮尔校长在他的心田里埋下的小小信念种子支撑着他走向了成功。40年如一日，他从来没有改变过要成为纽约州州长的决心，而最后他的确实现了此目标。

大诗人亨利曾写过这样的诗句："我是命运的主人，我主宰自己的心灵。"是的，只要心不变，信念不变，无论在怎样的境遇里我们都能做命运的主人，只要能把握并坚持住自己如山的信念，我们就能克服重重阻力，靠着自己的双手创造出自己的未来。

在人类的世界中，要想变成一个成熟的强者，就必须从坚定自己的信念开始。当你确立了人生目标时，当你埋下那颗信念之种时，一切的努力和劳动就变成了一件乐事，一切的苦难和挫折就变成了脚下的台阶。每增加一个台阶，你就朝着目的地更近一步。只要你心不改，那么一切都将成为你实现理想的助力。

英国人艾莉森·拉佩尔天生残疾，从出生之日起她就没有双臂，双腿也特别短小，看上去太可怕了，这是一种名为"海豹肢症"的先天残疾。出生后几周内，拉佩尔被母亲送到"残疾人之家"，一两岁的时候她已经被父母抛弃。但拉佩尔相信自己总有一天能向世界证明自己。

拉佩尔三岁时就开始学着用自己并不正常的脚摆弄画笔工具，到16岁时，她用脚创作的绘画作品已经能够在当地的绘画竞赛中获奖。17岁时，拉佩尔在一家残疾人评估中心接受各种生活及职业训练，比如骑马、学习艺术，以提高在社会中的适应能力。19岁时，拉佩尔已经有能力独立生活了。之后，拉佩尔进入布赖顿大学艺术学院学习，她开始了一项新工程：以自己的身体为原型进行艺术创作。拉佩尔通过摄影、绘画等不同方式，展现自己并不完整的身体。

凭借超凡的努力，拉佩尔成为了一名著名画家和摄影家，改变了自己的命运。用她的话说，她的目的就是让整个社会了解："残疾就一定与美丽无缘吗？它不可以让人们产生除了'厌恶'、'怜悯'、'同情'之外的其他感受吗？我正在向世界展示：答案是否定的。美存在于一切事物之中。"伦敦市长肯·利文斯顿则这样形容拉佩尔："艾莉森展示给我们的是与命运的抗争。这是一件关于勇气、美丽和抗争的作品，艾莉森是现代社会的女英雄，坚强、可敬，给人带来希望。"

拉佩尔的人生起点可谓低到谷底，然而她坚信自己可以证明自己，她付出了加倍的努力，终于成就了自己。

一个人，他的真正的人生之旅是从选定自己的人生目标开始的。只有走在追寻梦想的道路上，才是真正的人生之旅。

而在这条路上，不分起点，不问来路。只看你的信念够不够高，够不够坚定。

信念如山，人生才有高峰。

## 3. 卓越还是庸碌，只在一念之间

世界上没有两片完全相同的树叶，也没有完全相同的人生。曾经同一个班里的同学，几十年后再聚，便发现境况各不相同，甚至是天上地下；即使同一个家庭出生的亲兄弟，也会走出完全不同的人生轨迹。

同样的环境里，为什么有的人可以奋发图强，走向成功的巅峰，而有的人却碌碌无为，平庸一生？其实决定人生高度的原因只在一念之间——你是否有如山的信念。

林肯说过："喷泉的高度不会超过它的源头，一个人的事业也是这样，他的成就绝不会超过自己的信念。"要想谋求成功和幸福，我们的人生就不能没有一个远大目标。

俗话说"会当凌绝顶，一览众山小"，我们要想有一番作为的话，就应该给人生一个大的参照物，登高望远，天高地阔。也就是说，只有拥有了很大的目标，追求高品质的人生，才能够得到更大的成功，人伟大是因为目标伟大。

你或许会问：伟大的目标为何能使人获得更大的成就，变得伟大呢？理由再简单不过，一个人追求的目标越远大，信念的力量就越强，就越能战胜各种压力和困难，能力才会发展得越来越快，越来越大。

拿破仑年少时，被贫穷却高傲的父亲送进了一所贵族学校。在那里，同学们不是夸耀自己富有，就是讥笑他穷苦，"你以为在贵族学校上学你就能成贵族了吗？不可能！"这种讥讽深深地刺伤了拿破仑，他既愤怒又无奈。后来他实在是受不了，就写信给父亲说明自己不想读书的意愿。

"你必须在那里把书念完。"这是他父亲的回答。于是，拿破仑在那里忍受了整整五年的痛苦。期间，同学的每一种嘲笑和欺辱，都让他增强了决心：我一定要比这些愚蠢的人强，做个军官让他们看看！

入伍后大，多数的同学都在利用课余的时间追求女人和赌博，而拿破仑却把所有的时间都用来读书，设法与他们竞争。图书馆里可以借书，这对于拿破仑而言非常有益，他可以免费充实自己，为理想中的将来做准备。那时候，拿破仑住在一个破旧的房间里，他孤寂、沉闷，却一刻也没有忘记读书，他还把自己想象成一个总司令，将科西嘉地图画出来，地图上清楚地标出哪些地方应当布置防范，这是用数学的方法精确地计算出来的。

长官发现拿破仑的学问很好，便派他在操练场上执行一些任务，而他每一次都能够完成得很好，于是又获得新的机会。就这样，拿破仑慢慢地走上了有权势的道路。这时候，情形发生了转变。过去那些嘲笑拿破仑的人都开始围着他，想分享一点他得到的奖励金；那些看不起他的人，现在也都很尊重他。他们全部都成了拿破仑的拥戴者，拿破仑一下子变得很重要。

此后，拿破仑真的成为了一名军官，他创造了一系列的奇迹：指挥的五十多场战役，只有三场战败，连续五次挫败反法联军，歼灭千万敌军。在不到十年的时间里，他征服了大半个欧洲……

拿破仑之所以成为伟大的人物，完全是源于他最初的那个信念：我要做军官，要比别人强！如果当初没有这样强大的信念支撑，他或许就在同学们的嘲笑、贬低声中没落，成为一个平庸的人，度过平庸的一生，历史恐怕就要被重写了。

心存高远的目标，是成功的真正本钱。在生活中，这样的例子并不少见。比如，举重选手如果想成为冠军，他必然要每天加强锻炼；父母要想培养出卓越的孩子，他们必然会重视孩子德、智、体、美、劳等各方面的教育。

当然，树立一个远大目标的意义并不在于它能否实现，主要在于它能否调动人心中的渴望，激发人的积极心理和坚定的信念。即使全力以赴仍然成功不了，但在信念的引导下，你所能实现的目标却很可能是其他人望尘莫及的。

杰出人士与平庸之辈的根本差别在于有无明确的目标和坚定的信念。如果你想成就自己的一番辉煌事业，那么就要以信念的灯塔来照亮人生的前进之路。

### 4. 以成功者的心态要求自己

强者不是生下来就是强者，强者一开始也不强大。他们没有成功，没有地位，没有财富，但是无关紧要，强者有着野心，有把野心贯彻到底的智慧、毅力和勤奋。

有句话说得好："心有多大，舞台就有多大。"要成为强者，就要拥有强者的心态，无论外界怎样变化，自己的出身条件如何，都别忘了以成功者的心态来要求自己。

同样是在工作岗位上，有的人用混日子的心态来过，做一天和尚撞一天钟；有的人勤勤恳恳，但只顾及自己分内那点事，或者说把工作就当成工作；还有的人，即便是最普通的岗位，他也兢兢业业，努力发掘自己的潜能，让自己的能量最大化，为企业效力。

前一种纯属寄生虫之流，我们不去谈论。第二种虽然认真工作，但不会有太大的突破，只能算个负责任的员工。只有第三种人，他们把工作当作事业，最大限度地发挥自己的水平，为自己为企业创造最高的价值。

常言道："你以什么样的态度来对待生活，生活就会以同样的态度来对待你。"其实，工作同样如此。这三种人的不同结局均源自其一开始持有的态度。毫无疑问，只有那些敲响自己内心战鼓、把职业当成事业来做的人，才能够出人头地，进入成功者的群体。

在一个建筑工地上有三个泥瓦工，有人问道："你们在做什么？"

第一个工人头也不抬地说："砌砖。"

第二个工人抬了抬头说："我正在赚钱。"

第三个工人热情洋溢、满怀憧憬地说："我正在建造世界上最美的殿堂。"

十年后，前两个工人依然是普普通通的砌砖工人，而第三个工人已然是当地赫赫有名的建筑师。这是为何呢？因为，第一个工人成为了这个行当里的老师傅，仍然是一个砌砖的泥瓦匠，因为他心里只有砖；第二个工人成为了这个建筑工地的工长，因为他心中有一面墙；而第三个人有"信念"，心中装着的是一座殿堂。

很多时候我们都觉得自己的工作是为了那些成功者而做，比如自己的老板、自己的上司。而这样的心态，只能让我们在对待工作时缺乏热情。只有调整心态，把自己放在成功者的位置上，以成功者的心态要求自己——所有的工作都是为自己而做，才能最大限度地发挥自己的能力，并为自己的未来发展赢得最大的空间。

美国的玫琳凯女士，46岁时突然接到了降职通知，理由让她感觉很不舒服：因为她是女性。备受心理伤害的玫琳凯决定建立一家给所有女性提供平等机会、帮助更多女性实现自我价值、丰富女性人生的公司。

1963年9月，玫琳凯在这个梦想的支撑下，正式建立了玫琳凯化妆品公司。当时，公司的资金只有5000美元，办公场地在一间46平方米的仓库，员工只是九名普通的家庭妇女。经过几年的不断发展，玫琳凯公司成为了一家跨国的大型化妆品企业集团，拥有全美最畅销的护肤品和彩妆品牌，如今它拥有130万名美容顾问，分公司遍布在36个国家和地区，年营业额达25亿美元。

全球上百万的女性，因为玫琳凯化妆品公司而变得美丽，更因为它而获得了发展事业的机会。与此同时，玫琳凯女士也被美国电视网站评为 20 世纪妇女精英。这一切的发生，都始于玫琳凯女士的一个决定：我不是受成功者歧视的那个人，我就是成功者自身。

每个人的人生都像一座金字塔，只有往上攀登，才可能享受最大的自由和空间。成功者的心态和强烈的信念可以使人施展全部的力量，这时，他就会成为一个强者。当你有足够强烈的欲望去改变自己的命运的时候，所有的困难、挫折、阻挠都会为你让路。欲望有多大，就能克服多大的困难，就能战胜多大的阻挠。

以成功者的心态来要求自己吧，如此才能在前进的道路上走出辉煌。

## 5. 相信自己，你一定行

困境当头，有的人持有信心，并采取行动突破困境，有的人畏缩不前，对前景忧心忡忡。

那么到最后，哪一种人能屹立时代潮头，成为众人瞩目的焦点呢？答案当然是前一种人。

智者告诉我们："人可以通过改变自己的心态去改变自己的人生。"换句话说，我们有什么样的心态，就会有什么样的生活方式，就会有什么样的心情。只有拥有好的心态，才会有好的心情，有了好的心情，就会用心做好身边的每一件事。

每一个成功的人都有这样的认识，获取成功并不是一件简单的事情，它需要不断地付出艰辛的努力。只要能够坚持，只要不屈不挠，其实我们距离成功只有一步之遥。

曾经的英国首相丘吉尔曾说：要看到日出，就要坚持到拂晓；要看到成功，就要坚持到最后。成功的秘诀就在于坚持。著名剧作家莎士比亚也说："千万人的失败在于做事不彻底，往往离成功还差一步便终止不再做了。"

成功的路上，需要坚定如山的信念来支持自己，也需要相信自己，只有相信自己，才能不在一步之遥的时候放弃，从而前功尽弃。

一位叫凯文·理查德的年轻人因为一次过失，被学校开除。

为了生存，他不得不跑到得克萨斯油田找了一份工作。工作一段时间后，他渐渐对野外钻探业产生了浓厚的兴趣，立志当一名独立的石油勘探商。

当腰包里攒了几千美元后，凯文·理查德就真的去租赁设备，钻井取油，但很遗憾，他第一次钻井就遇到了一口枯井。

不过，这并没有打消凯文·理查德心中的理想。在接下来的两年中，每当攒下一部分钱，他就去钻井。两年多的时间里，他打出了 29 口油井。可是，上帝似乎喜欢和他开玩笑，这些井全部都是枯井。

尽管如此的不顺利，凯文·理查德还是在坚守着自己的理想，他在自己的理想之路上艰难前行。可是，直到年近四十，他还是一无所获。

在痛定思痛后，凯文·理查德专门去攻读了地质结构、油层模型以及其他方面的地质学知识，一次次提高钻井的成功率。在理论知识的帮助下，他又租来一块地皮进行再一次的钻探。

这一次，凯文·理查德的脚下不再是枯井，而是巨大的油藏。

凯文·理查德用坚定的信心战胜了"枯井"，找到了油藏。如果他在第 29

次打出枯井后放弃，那么他将永远无缘后来的油藏。但可喜的是，他迈出了这一步，最终找到油藏，也找到了那个叫"成功"的宝贝。

很多人都在年轻的时候或多或少地相信过自己能够成功，能够干出一番大事业来。然而在追求成功的过程中，钻出的是一口口枯井。在这样的过程中，很多人都放弃了，只有坚定信念，并相信自己最终一定能成功的人才能找到最终的宝藏。

在谈及自己的成功时，弗兰克说："在我看来，对一个有目标的年轻人来说，没有什么不能改变的，也没有什么不能实现的，而且这样的人无论从事什么样的工作，在什么地方，都会受到欢迎。"

50年前，弗兰克还是一个13岁的少年。由于家境贫困，他没有上过几天学便提早进入了社会，他相信自己一定会有所作为，并以此来要求自己。那时候，他的人生目标是当上纽约大都会街区铁路公司的总裁。

为了这个目标，弗兰克从15岁开始，就一边工作一边利用闲暇时间学习，并想方设法向铁路行业靠拢。18岁那年，经人介绍，他进入了铁路行业，在长岛铁路公司当一名扳道员。尽管每天又苦又累，但弗兰克始终积极地对待自己的工作，他也因此受到赏识，被安排到纽约大都会街区铁路公司干铁路扳道工的工作。

弗兰克感觉到自己正在向铁路公司总裁的职位迈进。在这里，他依然勤奋工作，加班加点，并利用空闲帮主管做一些统计工作，他觉得只有这样才可以学到一些更有价值的东西。后来，弗兰克回忆说："不知道有多少次，我不得不工作到午夜十一二点才能统计出各种关于火车的赢利与支出、发动机耗量与运转情况、货物与旅客的数量等数据。做了这些工作后，我得到的最大收获就是迅速掌握了铁路各个部门具体运作细节的第一手资料。而这一点，没有几个铁路经理能够真正做到。通过这种途径，我已经对这一行业所有部门的情况了如指掌。"

但是，扳道员工作只是与铁路大建设有关联的暂时性工作，工作一结束，弗兰克面临着离职的危险。于是，他主动找到了公司的一位主管，告诉他，自己希望能继续留在公司做事，只要能留下，做什么样的工作都可以。对方被他的诚挚所感动，调他到另一个部门去清洁那些满是灰尘的车厢。不久，他通过自己的实干精神，成为通往海姆基迪德的早期邮政列车上的刹车手。

在以后的岁月里，弗兰克始终没有忘记自己的目标，这种信念促使着他不断地补充自己的铁路知识，废寝忘食地工作着，他每天负责运送 100 万名乘客，却从没有发生过重大交通事故。最终，弗兰克实现了自己成为总裁的目标。


相信自己，不是盲目地自我陶醉，也不是自我感觉良好，而是无论面对顺境逆境都相信自己可以达成自己的梦想，并始终坚定不移地朝着梦想的方向努力。

信念如山，指引我们前进的方向，而相信自己，就是让我们在攀登路上不断向前的动力和支持。只有这样，才能永不灰心，永不放弃，走上人生的顶峰。

## 6. 咬定青山不放松

有人曾经说过："即使是最弱小的生命，一旦将全部精力集中到某一具体的目标上，也会有所成就，而最强大的生命如果把精力分散开来，最后也将一无所成。水珠不断地朝一点滴下来，可以把最坚固的岩石滴穿；湍急的河流一路滔滔地流淌过去，身后却没有什么痕迹。"

人类的历史上没有全才，没有人能在所有的领域呼风唤雨、左右逢源。而在这个社会分工不断细化的时代，所需要的不是全才，而是一个领域的专业人员。因此，在我们追求自己的人生目标时，要懂得将眼光盯住一个目标，一旦确定，就咬定青山不放松，只有这样，才能在诱惑丛生的道路上抵达终点。

有人说，如果一个人一辈子只做一件事情，那么用一辈子打磨的一定是件精品。如果一个人一辈子做 100 件事情，那么 100 件事就只能都是半成品。

只要自己计划好的，只要自己觉得对的，不管别人肯不肯定，不管别人赞不赞同，不管别人欣不欣赏，只管相信自己，坚持自己的想法和信念，义无反顾地去做。

每项奇迹的开始总是始于一种伟大的想法。或许没有人知道今天的一个想法将会走多远，但是，我们不要怀疑，只要沉下心来，坚定自己的信念，让心中的杂音寂静，你就会发现成功就在不远处，触手可及。

蒙提·罗伯兹的父亲是位马术师，他从小就必须跟着父亲东奔西跑，一个马厩接着一个马厩、一个农场接着一个农场地去训练马匹。由于经常四处奔波，他的学习成绩不好，也不受老师的欢迎。

一天，老师给全班同学布置了一个报告，题目是"长大后的志愿"。

蒙提和父亲一样喜欢在马场上奔驰的感觉，于是那晚他洋洋洒洒写了七张纸，描述他的伟大志愿，那就是想拥有一座属于自己的牧马农场，他还仔细画了一张200亩的农场的设计图，农场中央则是一栋巨宅。

蒙提花费了很大的心血，他满心以为老师会给自己一个"A"，但是拿回报告时，他看到的却是一个又红又大的"F"，于是，下课后他不平地拿着报告去找老师了："老师，这份报告我写得很用心，您为什么给我不及格？"

"哦"，老师解释道，"你学习不好，家里没钱，又没背景，什么都没有。盖座农场可是个大工程，你别太好高骛远了。这样吧，你如果肯重写一个比较不离谱的志愿，我会重打你的分数。"

"要重写一个志愿吗？但是我真的想以后要拥有一座属于自己的牧马农场，可是报告不及格怎么办？"蒙提反复思量，最后征询父亲的意见，父亲告诉他："儿子，这是非常重要的决定，你必须自己拿定主意。"

于是，蒙提决定坚持自己的信念，他一个字都不改，原稿交回。在这个信念的激励下，后来他真的拥有了200亩农场和豪华住宅，而且那份初中时写的报告至今还留着。

后来，蒙提还邀请自己当初的老师和学生们来农场露营了一星期。离开之前，那位老师对蒙提说："还记得当初我和你说的话吗？说来有些惭愧，我也对不少学生说过相同的话，幸亏你一直坚守着自己的信念。"

正是因为有咬定青山不放松的精神，蒙提才能摆脱外在条件的困难和来自他人的嘲讽，最终获得自己的成功。

信念如山，不只是说信念当如山般崇高，也是说信念要如山般坚定，屹立不倒。

人是社会性动物，每个人都不能免俗地或多或少地受着来自他人的影响。我们很容易因为别人的嘲笑和不理解而产生自我怀疑，甚至因此认定自己所追求的是毫无价值或不可能实现的。这时候，只有那些怀有如山信念的人才能在追求成功的道路上勇敢地走下去。

人生有限，要追求成功，就不能让外界干扰自己。只有确立信念，并抱着"咬定青山不放松"的精神，才能把现在的自己所追求的，变成未来的自己所拥有的。

## 7. 梦想在手，自有一片天地

我们都生活在现实世界里。在现实世界，人不能飞，于是有飞翔梦想的人发明了飞机；在现实世界里，人跑得不够快，于是有奔驰梦想的人发明了汽车；在现实世界里，我们能听到的、能看到的太有限，于是有世界梦想的人发明了互联网。的确，我们都生活在钢筋水泥的现实世界里，但是这并不代表我们不能去梦想，并不代表我们的梦想不会在未来成为现实世界的一部分。

梦想，不是空想，不是做白日梦，而是确立一个目标，以此为信念，付出切实的努力。

信念是一种动力，若想在人生中有一番作为，就必须相信自己，坚持自己的信念。强烈的信念乃是更有价值的动力，我们必须好好控制自己的信念，要把信念提升到强烈的程度。

这是因为信念一旦达到强烈程度，会引爆我们内心的能量场，促使我们竭尽全力地采取一切积极行动，进而扫除一切横在前面的障碍，度过人生中各种艰苦的时光，奏出生命乐章的最强音。

爱丽芬是个活力充沛、朝气蓬勃的女性，她自己经营着一家精美礼品店。她爱美丽、爱跳舞、爱唱歌，经常摘下花园里的鲜花摆满一屋子，邀请朋友们来家中开 Party，她的生活过得有滋有味。

可是，在 29 岁时，爱丽芬的生活改变了。那段时间，爱丽芬经常感到后背一阵疼痛，去医院一检查，被告知她得了良性脊椎瘤，从此她需要平躺在轮椅上度过余生，她再也不能恢复以前的样子了。

一想到自己被囚在床上，再也不能与朋友们唱歌或跳舞，所重视的所有东西似乎都已失去了，爱丽芬伤心极了。有好长一段时间，她躺在床上问自己这种生活值不值得过，最后她给出了自己答案——值！因为她想到自己的身体虽然被囚禁了，但信念依然自由，她要好好活下去。

于是，爱丽芬尽力学习一切有关残疾人士的知识，毛遂自荐到一家医院做残疾人的心理医生。后来，她干脆成立了一个名叫残疾社的辅导团体。只要她一到，那些残疾人便围着她，专心聆听她讲的每一个字。毋庸置疑，爱丽芬依然是广受欢迎的美丽女人。

爱丽芬虽然是一个年纪轻轻就患重疾的不幸者，但就是因为强烈的信念，她又重新成为了广受欢迎的美丽女人；就是因为强烈的信念，她将原本被上帝打了折扣的人生谱成了如此华美的乐章，她的人生原本被关上了一扇门，却因梦想而打开了另一扇窗户，获得了一整片天空。

梦想，让我们永远怀有希望。无论什么时候，无论做什么事情，我们只要自己相信是对的，就不要管别人怎么怀疑。坚守自己的信念，按自己的想法一步一步地去做，并且尽自己的所能做到自己最满意的程度。

美国服装业巨子雷夫·罗伦，他所创立的 Polo 服饰王国，创下了快速致富的典范。罗伦从小就喜欢做梦，一直梦想着自己能像那些漂亮女孩一样穿上显得自己英俊的衣服。所以当别的孩子还在肆意玩耍时，罗伦就将更多的心思放在了服装上。他细心研究父母以及自己的衣服，衣服的质地、细纹、设计等，渐渐地他拥有辨认皮夹克好坏、真伪的本领了。上中学时，罗伦用辛辛苦苦积攒的钱，为自己买衣服，不断地培养自己对服装的了解。

进入服装界的梦想一直在罗伦脑海中盘旋，尽管他缺乏专业素养，但是却凭借着高超的鉴赏能力，毕业后就得到了一家领带制造公司的重用，他充分展示了自己的设计才华，并获得同行的一致赞誉。

后来，在朋友的提议下，罗伦和朋友合资建立了 Polo Fashion 公司。罗伦有了发挥才华的空间，他的设计很快就赢得了当时年轻人市场的肯定，进而掀起一股流行狂潮，Polo 也从此成为了男装革命的急先锋。

罗伦从小有一个"能穿上显得自己英俊的衣服"的梦想，不过他没有止步于想想而已，他以此为自己生活的信念，并将更多的心思放到研究服装的质地、细纹、设计等上面。正是因为付诸了行动，他最终梦想成真，成就显著。

梦想如水，给坚硬的现实以柔和的点缀。信念犹如火焰，当阴霾蔽日之时，指引我们奔向光明的前程，当我们向险峰攀登之时，带领我们拾级而上。

有梦想，有信念，无论现实多么坚硬、冷酷，我们总能拥有一片属于自己的蔚蓝天空。

## 8. 每走一步，你离山顶就更近一点

罗马不是一天建成的，任何人的任何丰功伟业都不是一朝一夕就可成就的。登上珠峰顶端的人，迈出了无数平凡无奇的脚步；冲过马拉松终点的人，跑过了无数个一米之遥；长城要一砖一砖地建，海洋源自一滴水一滴水地汇聚，参天大树也来自一厘米一厘米地积累。伟大的成功，从来不是一蹴而就的，它充满了一步一步脚踏实地的努力，和不为人知的一日一日的寒窗岁月。

信念如山，而成功就是山巅的那颗明珠，一定要走过重重险阻，才能获得至宝。有人望着巍峨的高山摇头兴叹，有人却开始一步步向前——到达山顶的一定是这部分人，因为无论相对于山的巍峨来说这一步多小，每走一步，都会离山顶更近一步。

为了发明电灯，爱迪生实验失败了一千多次，当别人嘲笑他所做的不过是白费工夫时，他说："至少我现在知道这一千多种材料都不适合当灯丝。"就是在这样排除法的反复试验中，一千多次的失败如同登山路上一千多个渺小的脚步，最终将他引向了成功的大门。

不要畏惧山高路远，要知道，你每迈出一步，就进步一点，而这千千万万不起眼的进步汇聚而成的，就是全新的自己。

多年前，美国的一所园艺所贴出一份高额征求纯白金盏花的启事。很多人看到令人心动的数字纷纷趋之若鹜。可是，由于这种花到哪儿去找谁也不知道，于是一直没有人成功。

几年过去了，本以为这封启事早已不了了之的园艺所意外地收到一封信，随信一同寄来的还有一粒纯白金盏花的种子。

　　这封信是一位热爱花卉的老妇人寄来的。当年，看到那份启事后，她种下了一些最普通的种子，一年之后，金盏花盛开了，老妇人从那些金色的、棕色的花中挑选了一朵颜色最淡的，任其自然枯萎，以取得最好的种子。

　　第二年，她又把它们种下去。然后，再从这些花中挑选出颜色更淡的花的种子栽种。

　　就这样日复一日，年复一年，春种秋收，周而复始，老人的丈夫去世了，儿女远走了，生活中发生了很多的事，但唯有种出白色金盏花的愿望在她的心中根深蒂固。

　　终于，很多年后的一天，她在那片花园中看到一朵金盏花，它不是近乎白色，也并非类似白色，而是如银如雪的白。她顿时惊喜万分：这不正是那家园艺所征求的花吗？

　　至此，一个连专家都解决不了的问题，经过一个老人长期的努力，最终解决了。

　　为了一粒种子，坚持不懈努力很多年，这需要怎样的毅力？恐怕是常人难以想象的。但是，一个老妇人却做到了，她用一种超强的耐心，矢志不移地追求下去，最终收获了奇迹。


　　每年开出的金盏花，都只有极其微小的变化，而就是这样变化的累积，最终得到了雪白色的花朵。在这个过程中，老妇人没有做出什么惊人的举动，她只是日复一日、年复一年地守护一个信仰，而就是这些平淡无奇的举动，在"坚持"的力量之下，生出了奇迹。

　　金盏花不会一夕变白，世界上的绝大多数事也是如此。很多人因为目标太遥远而放弃努力，有的人已走了一半却最终放弃。"行百里者半九十"，若没有如山般坚定的信念，在成功的长路上便很难坚持到最后。

一百多年以前，一艘英国商船因为触礁而沉没于马六甲海域。

这艘船是从我国广州港驶出的一艘货轮，上面装满了名贵的丝绸、瓷器及珍宝。

一位名叫鲍尔的人偶然从一份资料上得到这个信息后，下定决心打捞这艘沉船。这对于任何一个人来讲，都是十分艰难的任务，当时很多人也认为鲍尔会中途放弃。

但是，鲍尔却出人意料地坚持在深深的海底摸索了漫长的八年，总共探索了七十多平方公里的海域，而结果是他找到了这艘沉船。

找到沉船只是迈向胜利的第一步，接下来的工作更是艰难。因为打捞的耗资是巨大的。打捞工作刚开始了30天，就花去了几万元。鲍尔的两位最初的合伙人认为无望而离去，其中有一位好友，几次加入又几次离去，并一次次地劝说鲍尔放弃这"疯狂"的念头。可是，鲍尔却一直坚持了下来，他坚决不放弃这次打捞。终于在坚持了许多天之后，鲍尔迎来了成功的这一天。

事后，当鲍尔接受记者采访时说，曾经自己也有过放弃的念头，每一次精疲力竭地从海底潜回时，他都想永远不再下去了。但是这种念头瞬间闪过之后，他又为自己注入新的动力，强迫自己坚持了下来。

愚公移山的故事人人都知道，而只有真正把愚公移山的精神用在生活中，成功才能降临。

精诚所至，金石为开。请怀抱如山般崇高坚定的信念不要放松，因为，无论那目标现在看起来多么遥远，你每走一步，都离它更近一步。

# 第二章 / 如山的原则：
## 要独立，不要"从众而立"

如山坚定，自尊自持。人若没有原则就成了糊涂人生，更谈不上成就事业。坚持原则的人是非明辨，法度分明，无论在什么境遇下都能坚守住自己的底线，并向大山那样不偏不倚，持之以恒，最终成就自己的事业，展现出别样的人生风采。

## 1. 千丢万丢，原则莫丢

人的一生里充满着起起落落，有顺遂和辉煌，也有窘迫和无奈。在这样的旅途中，或许是因为有了新的替代，或许是处于种种无奈，我们在不断得到的同时也在不断丢失原有的东西。随着社会的发展，人生新阶段的展开，我们不断丢掉旧的生活、旧的习惯、旧的规则。然而，在这个过程中有些东西却是绝不能被丢弃的，而这些不能丢弃的东西中，最重要的一项就是原则。

遵守原则是一个人的立身之本，是堂堂正正做人的精神脊梁。那些世界上最受欢迎、爱戴的人物无不具有坚持原则的精神。大丈夫有所不为，有所必为。没有原则的人，有悖于社会伦理，只会遭到大众的唾弃，永远无法取得最辉煌的成功。

我们从小在家庭、学校受的教育都是做人要善良、正直，可当我们走上社会后却发现世态炎凉，我们纯真的梦想开始在现实无情的墙壁前碰得粉碎，于是我们犹豫、彷徨，怀疑我们所接受的教育，怀疑做人如山的原则是不是一种傻气。

然而纵观历史，不懂坚守原则的人，纵使才华再高也难有好的结果。武功盖世者，如吕布，关羽和张飞两员大将加在一起才能与他打个平手，在当时算得上天下无敌。然而他却因失了原则，数度叛主投敌，最终无人敢收入麾下，只能接受被杀的命运，还在历史上留下个"三姓家奴"的骂名。武功并不及他的关羽，却因有情有义、注重原则而被尊为"武圣"，和中国第一圣人孔子齐名。

一个人仅仅才华出众是不够的，还要懂得坚守如山的原则。无论在工作还是生活中，人们都欣赏那些诚实可靠的人，对那些自私自利、偷奸耍滑，或者丧失原则和品德的人，即使他们才华横溢，聪明绝顶，也不会加以重用。

因此，在人生的道路上，不管你是用人还是为人所用，都要牢记"原则最重要"这句箴言。否则失了原则就失去了做人的意义，最终为千夫所指，遭人唾弃。


一位大学教授给新生上素质教育课。只见他神神秘秘地从包里掏出一个玻璃瓶子，然后又拿出一些小石头。这下立刻挑起了学生们的好奇心，心想：这位教授到底想要做什么呢？

紧接着，教授把小石头一块一块地装进瓶子里，直到再也装不下一块石头，然后他就问他的学生："装满了吗？"

学生们面面相觑，然后非常肯定地回答说："满了。"可是，教授似乎并不以为然，因为他又拿出一小袋沙子，在给学生们看过后，直接把沙子倒进了瓶子里，直到瓶子再也放不下一粒沙子。这时，他又问："满了吗？"

"没有。"学生们回答说。

教授笑了笑，说："对，一点即透。"只见教授又拿出一瓶水，缓缓地倒入了已经装满沙子和石头的瓶子里。

等到已经再倒不下水时，教授结束了实验，然后语重心长地问道："同学们，你们从这个实验里得到了什么启发呢？"

一位学生大声说："时间，时间都是这么挤出来的，只要你愿意，总能挤出时间来学习。"

另一位学生也抢着说："知识，无论你的知识多么渊博，总有你不知道的。"

教授笑了笑说："你们说的只是它的一部分意思而已。大家想一想，如果我刚才先放沙，再放石头，那么，石头还能全部装下去吗？先放石头，还是先放沙，其中包含了我们人生一个很重要的道理，那么，什么才是人生这块石头呢？"

"地位。"一位学生说。

"学历。"另一位学生说。

……

学生们纷纷发表自己的意见。教授最后摇摇头说："是品德，品德就是这块石头，无论在什么时候，我们都要把别人放在第一位，先人后己，这是做人的基本。"

一个不守原则的人，即使能力再强，也无法得到别人的信任，更别说委以重任。一颗正气凛然的心，一个品行端正的人，都需要以坚守原则来彰显自己的品质。

　　如今人们生活压力很大，为了缓解压力，难免抵抗不住诱惑，背叛自己的原则。但是我们要明白，虽然放弃原则能获得一时的利益，但长期下来，损害的将是自己的声誉和前途。当你身上被贴了毫无原则的标签后，纵使你能力超群，你也无法获得成功的机会。更重要的是，一旦你遇到困难，很可能会因为失去了原则，使自己陷入四面楚歌的绝境。

　　总之，坚守原则是最高贵和最重要的品质。守护自己的原则，坚守自己的原则，这关系到一个人的成败与幸福。无论是在何时何地，扮演着什么角色，我们都要永远坚守住自己的原则。


## 2. 自己都不尊重自己，何谈别人尊重

　　根据马斯洛提出的人的需求层次理论，一个人的需求被分为五个层次，其中"尊重需求"被排在仅次于"自我实现需求"之下第二高的位置。"尊重需求"包括自我尊重、信心、成就、对他人尊重和被他人尊重几个方面。

　　自我尊重，是尊重的第一步。一个连自己都不尊重的人，又怎么懂得去尊重别人，又怎么能要求别人来尊重自己？不懂尊重自己的人，只能成为别人面前的马屁精、应声虫，既无法发挥自己的能力，也不能得到别人的尊重。

　　做人要坚持如山的原则，就要尊重自己，尊重做人的原则，不能因为一点外界的压力或诱惑就做了"墙头草"，不再尊重自己，也不再遵守原则。

　　诚然，在现实生活中，我们常常有人在屋檐下之感。有时看到溜须拍马之人获得了领导的青眼，得到了升迁的机会，便对自己的处世方式产生了怀

疑；有时情势所迫，不得不放弃自己的坚持，接受上级的安排，在心中产生了挫败之感。

在利益和生存面前，该把自尊放在什么位置，这确实是每一个人都面对的问题。我们要找到利益和自尊之间的平衡点，人都会有委曲求全的时候，但万万不可因此失去尊严。

一个人如果失去了尊严，也就失去了做人的骨气，连同斗志、希望、追求也统统失去，只能成为靠着出卖尊严换取利益的偷生者。懂得尊重自己的人，即使面对外界的否定、嘲笑、打压，也会尊重和坚持自己的追求，并以最终的成功来获得他人的尊重。


珍尼上小学四年级时考试得了第一名，老师送她一本精美的世界地理图册作为奖励。她很高兴，跑回家就开始看这本图册。但很不幸，那天轮到她为家人烧洗澡水，她便一边烧水，一边在灶边看图册，她看到一张埃及地图，想到埃及很好，有金字塔，有埃及艳后，有尼罗河，有法老，有很多神秘的东西，心想长大后一定要去埃及。

看得入神的时候，突然脾气暴躁的父亲从浴室中冲了出来，喊道："你在干什么？"珍尼赶忙收好地图，回答："我在看地理图册。"父亲很生气，说："火都熄了，看什么地理图册！"她说："我在看埃及地理图册。"父亲跑了过去，夺下了地图，扔到一边，说："赶快生火！看什么埃及地理图册！我给你保证，你这辈子不可能到那么远的地方！"

珍尼当时看着父亲，愣住了，心想："爸爸怎么给我这么奇怪的保证，真的吗？我这一生真的不可能去埃及了吗？"

20年后，珍尼成了美国哥伦比亚广播公司的著名记者，长年在世界各地采访。当然，她不会忘了过去的梦想——去埃及。

有一次，她坐在金字塔前面的台阶上，买了张明信片，写信给她的父亲。她写道："亲爱的爸爸：我现在在埃及的金字塔前面给您写信。记得小时候，您扔了我的地图册，保证我不能跑到这么远的地方来。而现在，我就坐在这里给您写信。您的责怪成全了我！"

对于父亲毫不尊重的做法，珍尼没有为此放弃自己的尊严。无论别人怎么说，她始终尊重自己的梦想，并用努力将其化为现实。因为尊重自己，如今的珍尼也终于得到了来自他人的尊重。

现实生活中，有些人因为对方地位更高，或者掌握了自己所需要的东西，便收起自尊，低声下气地去讨好对方。殊不知这样只会让自己的地位越来越卑微，让对方越来越不重视自己。

原一平是日本明治保险公司的普通推销员。一次，他构想出一个创新而大胆的保险推销计划，为了推行这样的计划，他约见了公司董事长川田先生。

原一平不知道在会客厅等待了多久，终于被川田先生叫了进去。他简单说了自己的推销计划，刚刚开口涉及主题："我想向您介绍……"谁想川田先生直接打断他："什么？你以为我会听你介绍保险这玩意儿？"

原一平被董事长轻蔑的态度激怒了，他不由得提高了声音对董事长说道："您管保险叫'这玩意儿'对不对？您怎么可以这样不尊重我们的工作？难道保险不是公司的业务吗？难道您不是公司的董事长吗？我这就回去，向全体同事转达您说的话！"原一平说完转身就走。

让原一平没想到的是，就在他回公司提出口头辞职时，他接到了川田董事长的电话。在电话里，董事长向他道了歉，并且表示考虑了他的提议，的确可以给公司带来很大的利益，邀请他再来详谈。

就这样，原一平以对自己的尊重赢得了董事长的敬服，得到了事业上更大的发挥空间。

自尊，不是不顾一切的蛮不讲理，而是当真理在手时，即使对方比自己地位高，也要敢于说出真话；是当受到侮辱时，即使可能影响到自己的利益，也不能苟且姑息；是当被别人否定、非议时，也决不放弃自己。

一个连自己都不尊重的人，自然无法得到别人的敬重。只有懂得尊重自己的人，才能得到世界的认可。

## 3. 要独立，不要随波逐流

成功学大师卡耐基曾告诫我们："发现你自己，你就是你。记住，地球上没有和你一样的人……在这个世界上，你是一种独特的存在。你只能以自己的方式歌唱，只能以自己的方式绘画。你是你的经验、你的环境、你的遗传所造就的你。保持自我本色和自我风格，才能主宰自己的命运。"

人生只有一次，只有一条单程向前的路。我们不断面对着新的问题、新的困惑、新的选择，这样的时候，对孤独的恐惧让我们很容易选择人多的那一边——每个人都考大学，那么我也去考；每个人都追名逐利，那么我也去追求；什么专业热门便报考什么专业；什么东西受欢迎便也去尝试什么东西。就这样，原本应独一无二的人生成了别人的复制品，老时回头，才发现自己将人生当成了时尚——流行什么就去追求什么，却没想过适不适合自己。

成功没有统一的道路，也没有统一的定义，最成功的人生莫过于按自己所希望的那样度过一生。

公元 405 年秋天，41 岁的陶渊明为了养家糊口，在朋友的劝说下，出任离家乡不远的彭泽县令。这年冬天，县里派督邮来了解情况。这位督邮是一个粗俗而又傲慢的人，他一到彭泽县的地界，就派人叫县令来拜见他。

陶渊明得到消息，虽然心里对这种假借上司名义发号施令的人很瞧不起，但也只得马上动身前去迎接。这时，有人拦住陶渊明说："我看你还是先换一身衣服再去吧，我听说参见这位官员必须穿戴整齐、恭恭敬敬，这样才能博得他的欢心，否则他会在上司面前说你的坏话。"

陶渊明听后长长叹了一口气："我不愿为了小小县令的五斗薪俸，就低声下气去向这些差劲的家伙献殷勤。"说完，他马上写了一封辞职信，离开了只当了八十多天的县令职位，从此再也没有做过官。

从官场退隐后的陶渊明，在自己的家乡开荒种田，过起了自给自足的田园生活。在田园生活中，他找到了自己的归宿，写下了许多优美的田园诗歌："暧暧远人村，依依墟里烟"、"采菊东篱下，悠然见南山"……最终，这些诗歌将陶渊明推到中国最早田园诗人、著名的文学家的位置上。

我们很容易受别人的影响。三人成虎的道理，不只适用于流言，也是世间很多事共同的道理。在一个大厅中，人人坐着，你若站着，即使不妨碍任何人，也无形中承受了别人的眼光的压力，若所有人都站着而你坐着，你也会同样感受到不自在。于是很多时候，为了避免这样的窘境，我们便选择了容易的生存方式——随大流，随波逐流。

就这样我们放弃了自己，放弃了自己本应如山般不动不摇的原则，做起了别人的影子。

然而，每个人的利益是不一致的，每个人的立场、主观感受也是不同的，想做到面面俱到，是绝对不可能的！即使我们千般小心、万般在意，也照样还会有人不满意。别人怎么看你那是别人的事，有时你明明已经很努力了，可别人还是觉得不好，你不能一辈子为别人而活吧？既然如此，何不干脆选择自己的路，走出自己的人生。只有这样，才能发挥自己独有的才能。

这个世界上平庸的人是大多数，想和他们不一样，就不能去在意大多数人的眼光，要做不一样的努力，走不一样的路。

我们不一定要追求世人所认可的成功，但一定要知道自己独一无二地活着的意义，要对自己所走的路保持清醒的头脑，不必在乎别人的眼光，不必苛求别人的赞赏，如此才能让心灵发出更为笃定的力量，踏踏实实走好每一步，才能明明白白地收获属于自己的幸福。

要独立，不要随波逐流，要保持自己如山的信念和原则，活出自己的精彩。

## 4. 人格最重要，别被物质诱惑吞没

每个人都有追求物质享受的权利，赚钱是可以的，致富也应当，但切不可钱迷心窍，见利忘义，用不正当的手段去赚钱，走歪门邪道去致富，以致背叛了自己的原则，有损于自己的人格。

人们常把金钱称作万恶之源，其实可怕的不是金钱而是贪欲。当面临金钱诱惑的时候，无法做到理智清醒，坚守自己，就会为其所困，甚至一生都要为它所左右。正如哲学家所说的那样："他并没有得到财富，而是财富占

有了他。"

注重人格，就是要坚守原则，当面对"利"和"义"的冲突时，能够舍利而取义。

关羽是三国时期蜀国的名将，东汉末年，汉室倾颓，董卓篡权，天下大乱，各豪杰并起。关羽投奔了打着"复兴汉室"旗号的帝室之胄刘备，之后关羽、刘备和张飞在桃园三结义，许下了同生共死的誓言，从那以后，关羽就开始为刘备赴汤蹈火，屡立战功。

当关羽与刘备、张飞在曹操的追剿下被冲散之后，为了保护刘备的夫人，他在曹操部将张辽的游说下暂时投降，但"身在曹营心在汉"。曹操为了收买关羽的心，用尽请客送礼等各种办法，相继给关羽送来美人、黄金、战袍、赤兔马，又利用手中的权力封了关羽一个"汉寿亭侯"。

尽管这些物质利益很诱人，但始终未能改变关羽对刘备的忠义，他坚持"若知皇叔下落，虽赴汤蹈火，必往从之"。当打听到刘备的下落之后，关羽毅然封金挂印，过五关斩六将，克服了重重困难险阻，护送嫂子回到刘备身边，真可谓"忠义关云长"啊，令人肃然起敬、为之动容。

孟子曰："生，亦我所欲也；义，亦我所欲也；二者不可兼得，舍生而取义者也。"荀子曰："义中之利，君子所贵也。先义后利者荣，先利后义者辱。"在物质和人格之间，他们都选择了后者。也只有做出这样选择的人，才能做出一番事业。而见利忘义之人，看到物质的诱惑就放弃人格和原则的人，终会被历史所淹没。

其实，在日常生活中，我们每天所面对的物质诱惑多如牛毛，不管是顺境还是逆境，一定要坚守如山般坚定的做人原则，拒绝诱惑。不然，物质的诱惑会把你拖进不可救赎的深渊。只有冷静地忍耐，清醒地坚持，才能让我们不被物质诱惑吞没。

居里夫妇为科学事业做出了卓越的贡献，但他们依然保持本色，视名利为粪土，始终最大限度地保持和彰显着自己的高尚人格。

居里夫妇获得了诺贝尔物理学奖后，一时间各种应酬随之而来。当镭元素被提取成功后，有人劝他们向政府申请专利，从而垄断镭的制造，这样就能发大财，一辈子衣食无忧。对此，居里夫人严加拒绝，她说："那是违背科学精神的，科学家的研究成果应该公开发表，别人要研制，不应受到任何限制。何况镭是对病人有好处的，我们不应当借此来谋利。"

居里夫妇虽然日子并不富裕，但最后还把得到的诺贝尔奖奖金捐赠给了慈善事业。为了提取更加纯净的镭，他们需要更多的沥青铀矿，这种东西在当时是非常昂贵的，于是，居里夫妇便从自己的生活费中一点一滴地节省出来，先后买了八九吨沥青铀矿。

几年后，居里先生去世，无依无靠的居里夫人首先想到的不是自己的养老问题，而是把千辛万苦提炼出来的镭，一点不剩地捐赠给了治癌实验事业。

居里夫人病逝后，伟大的科学家爱因斯坦这样评价她说："在我认识的所有著名人物里面，居里夫人是唯一一位不为盛名所颠倒的人。"

在物质和人格之间，居里夫人选择了后者，既造福了无数的人，也成就了她不凡的人生。

我们要生活就离不开物质，但我们活着却并不是简单地为了物质追求。而是为了人格的完满，内心的充实。因此，在追求物质的时候，别忘了自己的人格，别动摇了自己的原则。

## 5. 人不可有傲气，但不可无傲骨

"人不可有傲气，但不可无傲骨"，是说人既不能自傲，也不能自轻自贱，而要既懂得谦和，又不丧失骨气。

做人做事贵在谦虚。《周易·谦卦》中说："谦谦君子，卑以自牧。"意思是说，有道德的人，总是以谦恭的态度，自守其德，修养自身。谦虚的心态会使人具备一种认真做事的精神，踏实和敬业，同时也使事情完成得更好。

骄傲的人走到哪里都不会招人喜欢，只有当你以谦逊的态度来表达自己的观点或做事时，才能减少不必要的冲突，容易被他人接受，正如柴斯特·菲尔德所说的："如果你想受到赞美，就用谦逊去做诱饵吧。"

柯金斯曾经担任福特汽车公司总经理一职，当时的福特公司已经非常出名了。有一天，公司发生了急事，需要向各个营业处发送通告，显然这不是一个人能够完成的，于是柯金斯动员大家一起完成这件事。

没想到的是他在安排一个书记员的工作时，年轻的小伙子显然不高兴了，他拒绝了柯金斯的要求，他说："我之所以来到福特公司，是因为这里能够让我大展宏图，但是现在你要求我做不相关的工作，这对我而言是一种侮辱，我不是一个套信封的劳工！"

听了年轻人的话，柯金斯非常生气，但是他并没有表现出自己的愤怒，而是对这个年轻人说："如果你觉得为公司效力对你而言是一种侮辱，那么你只能另谋高就了。"

年轻人没有请求多给他一次机会，凭着一时的冲动离开了公司。在那之后，年轻人去过很多公司面试，也做了不同的工作，经过了一段时间的磨炼，他终于明白曾经的自己有多么愚蠢！再次见到柯金斯的时候，年轻人真诚地说："当初我凭着一时之气离开了福特，换了工作，经历了很多事，现在我已经能够充分地反省曾经的错误，不知道您是否还能再给我一次机会呢？"

听了年轻人的话柯金斯爽快地答应了，因为他觉得这个年轻人已经能够听取他人的建议了。重回公司的年轻人和以前不同了，他不再自命清高，而是踏踏实实地工作，为人也谦逊了许多，多年后，年轻人成为了一个富翁。


盲目的骄傲是一种无知的表现，使我们错失了许多成长的机会，甚至与机会擦肩而过，更会给别人留下不好的印象。只有摒除傲气，谦虚做人，才能使自己快速成长起来，并得到别人的认可支持，从而接近成功。

但自谦的同时，决不能失了骨气，不然就从自谦变成了自轻自贱，成为只会对别人唯唯诺诺的应声虫，这样的人也没有人看得起。

傲骨，是不畏强权的勇气，是"不为五斗米折腰"的豁达，是一种深刻的自尊和自爱。对待地位比自己高的人，可以不卑不亢，对于错误，敢于指出，并坚持原则。


人们都知道晏子使楚的故事，晏子是不平凡之人，他有才亦有德，但身材矮小。曾经楚王就以他的身材侮辱过他。在晏子出使楚国的时候，楚王故意不打开城门，而是在城门边开了一个狗洞，要晏子从那里进入楚国。面对楚王的侮辱，晏子没有失去冷静，说："如果我出使的是狗国，那么我就会从狗洞入内，现在我要出使的是楚国，这道门我不走。"被晏子将了一军的楚王只得打开城门，迎晏子入内。

楚王并不放弃，见到晏子后，楚王说："难道你们楚国没人了不成，为什么要让你这样的人出使楚国呢？"楚王的出言不逊依旧没有惹恼晏子，他回答说："我国人多物丰，只要百姓们甩一甩汗水，就像天降大雨一般。至于为何让我出使楚国，是因为我国派遣的使者要根据出使的地方而定，贤人出使贤国，像我这种无能之辈只能出使楚国了。"

人不可无傲骨。面对楚国的一再挑衅，如果晏子忍气吞声，就只能换来变本加厉的欺辱。

人不能有傲气，却不可以无骨气，面对那些恶意的嘲讽、愚弄，有时包容只会成为一种示弱。如果道理站在你这边，那么就要守住自己的底线，一定要守住自己的傲骨，不能容忍他人的践踏。骨气和傲气不同，骨气是一种气节，是一种坚韧不屈的精神，也只有拥有傲骨的人才能坚持斗争到底，取得最终的胜利。

## 6. 唯其可遇何需求，蹴而与之岂不羞

"唯其可遇何需求，蹴而与之岂不羞"，意思是说该是自己的自然是自己的，若不是自己的，强凑上去要，只能是让自己受到羞辱。放在生活中，便是要我们懂得顺其自然，随遇而安，不要为自己得不到的东西东奔西跑，失了本心。

顺其自然，说来简单，做起来却难。在很多人看来，顺其自然更像是一种随波逐流，但要知道的是，人生不是一马平川的，总会有各种各样的境遇。当你面对无力改变的困境时，顺其自然或许是最好的解决办法。

　　人们都说我们生活在俗世当中，但事实上，我们是在感受俗世，所以对于我们而言最重要的是感受。也正是因为有了感受，在困境面前我们才会有痛苦的感觉，因为感受会让我们产生各种各样的情感，随之而来的就是各种各样的烦恼。

　　其实，面对那些外在的环境和现象时，如果我们多一些包容，不去计较，也不去在意，那么我们的心就能够坦然得多，我们才能有顺其自然的感觉，才能将精力投入到感受生活当中，而不是沉浸在回忆的痛苦里。感受眼前的一切，才是生活该有的滋味！


　　一个年轻人问禅师："禅师，你有没有什么与众不同的地方？"

　　禅师答："有。"

　　"是什么呢？"

　　禅师答："我觉得饿的时候就吃饭，感觉困的时候就睡觉。"

　　"这算什么与众不同的地方，每个人都是这样的，有什么区别呢？"

　　禅师答："当然是不一样的！"

　　"为什么不一样呢？"

　　禅师答："他们吃饭时总是想着别的事情，不专心吃饭；他们睡觉时也总是做梦，睡不安稳。而我吃饭就是吃饭，什么也不想；我睡觉的时候从来不做梦，所以睡得安稳。这就是我与众不同的地方。"


　　一心一用听起来似乎很简单，但大部分人都难以做到，因为人们太习惯于计较利害得失，产生各种各样的妄想和杂念，让自己前进的脚步停滞不前。荣辱浮华都是人生当中的障碍，人们往往因为这些失去自我，失去平常心。然而当是你的又何须去求，不是你的求又何益？不如持一颗平常心，按自己的步调生活，按自己的原则做事。

有两个文人关系非常要好，后来其中的一个人出家修禅了。偶然的一天，文人去拜访自己曾经的好友，正遇禅师吃饭，禅师便问文人要不要一起吃。文人说已经吃过了，只是来看看旧友过得好不好。

禅师的饭食简单得有些寒酸，只有一碗白饭和一碟咸菜。想起朋友曾经的优越生活，文人内心非常不舒服，就问禅师："这咸菜不会太咸吗？"

禅师答："咸有咸之味。"说完禅师继续用餐。

在吃完饭后，碗中还有几粒米，禅师就向碗中倒了一些凉水，将米粒连同凉水一起喝掉了。文人想，自己的好友在凡世的时候，每次吃完饭都会喝上一杯清茶，现在却只能喝凉水，便忍不住出声问道："这么淡的味道要怎么喝？"

禅师仍旧没有太大的反应，只是笑了笑，答道："淡有淡之味。"

"咸有咸的味道，淡有淡的味道"，这是人们最难悟出的真理，禅师将其作为处世的态度，他的人生便有了不一样的色彩。即便是简朴的生活，也能让禅师安然度日，可见禅师真正理解了"随遇而安"的真义。

咸也罢，淡也罢，不同的人生各有各的滋味。不要吃淡时想着咸，吃着咸又想着淡，总在追求没有的东西，结果只能是徒增烦恼。

人生不过只有三天而已，就是昨天、今天和明天，活在昨天和明天的人都算不得精明，唯有活在今天的人才是聪明的人。每天从清晨开始，告诉自己这是新的一天，充满了乐趣，这样才能珍惜眼前的每分每秒，活在当下。

"唯其可遇何需求，蹴而与之岂不羞"，不属于自己的，不要违背本心，违背原则地一味追求；属于自己的，就好好珍惜好好品尝，只有这样，才能在平凡的人生中活出不一样的精彩。

## 7. 诸恶莫做，众善奉行

善良，是一个人所有美好品德的基础。因为心地善良，所以懂得体恤别人，所以可以推己及人，所以慈悲，所以诚实，所以无私，所以相信世界的美好。这样的人，心中充满爱，待人充满善，生活中便也充满幸福。

现代社会中，随着经济的发展，物资的丰富，人们已经逐渐摆脱了单纯对于生存的需求而转向更高程度的对精神生活的追求。而便捷的通讯技术，通达的交通工具，和各种节约时间成本的机械的普及，使人们有了更多的闲暇时间来满足自己的内心。

然而当人们摆脱物质匮乏的压力，闲下来时，却又突然发现，虽然现在什么都不缺了，内心却空虚了。

常常听到这样的悲剧：名牌高校的天之骄子因为种种原因跳楼结束自己年轻的生命。原因虽然不尽相同，归根结底，都是内心苦闷，失去了生活的目标和动力，觉得人生不再有切实的意义。

金钱和财富可以让我们的生存变得轻松，却不能填补我们内心的空洞。内心的丰富，则需要我们去追求更高的价值——为他人奉献的价值，善良的价值。

比尔·盖茨曾被评为世界首富，在一般来人看来，如此富有的人生活肯定阔绰，应该不会把小钱看在眼里，但事实正好相反。一次，比尔·盖茨和一位朋友乘车前往希尔顿，由于去迟了，找不到普通停车处。如果停放在贵宾停车位上要多花 12 美元。

"这可不是个好价钱。"比尔·盖茨不同意停在贵宾停车位上。

"我来付。"他的朋友说。但由于比尔·盖茨的固执，汽车最后仍然没有停放在贵宾停车位上。

是什么原因使盖茨不愿多花几元钱将车停放在贵宾停车位上呢？原因很简单，比尔·盖茨作为一位天才商人深深懂得花钱应像炒菜放盐一样恰到好处。哪怕只是很少的几元钱甚至几分钱，也要让每一分钱发挥出最大的效益。

但是如此"小气"的人对社会的慷慨大方却无人能及。20 世纪结束前，盖茨一次捐献了 20 亿美元，更新了美国所有中学图书馆的电脑。

美国《商业周刊》某年度曾评选 50 位最慷慨的美国现代慈善家，盖茨以累计捐款 256 亿美金而名列第一，这些捐款占了他个人财富的 60%，他还多次表示，在他的有生之年，要把自己价值四百多亿美金的全部财富都捐献给社会。


也许有些人会觉得，自己没有比尔·盖茨那样的经济能力，所以也就没有什么可以拿来奉献的。然而所谓"不以善小而不为"，每个人一滴水的微小奉献，也能汇聚成改变世界冰冷沙漠的汪洋大海。

善良才能带来成功和财富。有些人觉得善良是一个太高的标准，很难做到，然而事实上，善良不过是日常生活中一件件小事的堆积。

无水不成海，无木不成林，正是一点点微小力量的集结，才最终汇聚成一股强有力的力量。行善也是如此，只要你勇于奉献自己的爱心，从那些微小的事情做起，我们的世界就会因为你的善念而变得更加美丽。


## 8. 祸莫大于不知足

现代社会的高速生活中，压力太多，诱惑太多，欲望太多，想保持一颗清洁如水的心越来越难。我们在诱惑中步入歧途，在欲望中开始唯利是图，而能对抗这些转变的，就是守护着如山的原则。

壁立千仞，无欲则刚。

都说欲望如火，心若定，欲望之火就是灯罩中的烛光，带来温暖，带来光明，照亮希望。心若不静，人就被欲望所驱使，火光再也不能只被限制在灯罩之中，而是漫上墙壁，漫上身躯，将我们变成欲望的奴隶。

有一个农夫救了地主一命，地主为了报答农夫的救命之恩，于是决定赏给他一块土地。地主告诉他："明天从太阳升起的时候算起，你从这里往外跑，跑一段就插个旗杆，直到太阳落下地平线跑回来，你所插上旗杆的地都将归你。"

农夫身强力壮，跑步可难不倒他，一听到这样就可以得到土地，他高兴得手舞足蹈，心想："那我明天多跑一些路，这一天辛苦下来，岂不是可以圈很大一块地，我就可以一辈子享受这一大块地了，这个主意真是太棒了！"

第二天，太阳刚一露出地平线，农夫就迈着大步向前疾跑，他拼命地跑啊跑啊，步子一分钟也没停下，太阳偏西了还不想回来，眼看着太阳快要下山了，他才开始着急，于是加紧了脚步向起点赶去。

只差两步就到达起点了，但是农夫的力气已经耗尽，他上气不接下气，瘫倒在地主的跟前了，倒下的时候两只手刚好触到起点的那条线。农夫这一瘫就再没起来，于是地主找人挖了个坑，就地把他埋了，说道："一个人要多少土地呢？其实就这么大！"

俗话说"祸莫大于不知足，咎莫大于欲得"，人生最大的灾祸就是不知足，最大的过失就是贪婪。那些生活中的智者懂得这一点，所以他们面临五彩缤纷的诱惑时，总是能够守住自己的内心，控制住自己的欲望，抵达无欲则刚的大境界。

## 9. 莲出淤泥而不染，人陷秽境应自洁

"莲之出淤泥而不染，濯清涟而不妖，中通外直，不蔓不枝"，北宋著名哲学家周敦颐几句妙笔勾画出一副君子形象。至诚的君子人格，是一种始终不渝的执着信念，是一种在任何情况下都能自觉的习惯。君中莲之美，美在纯洁，也美在品格。人亦是如此。不必一味讨好别人，恪守自己的情操，坚持走一条自己的路，排除外界的干扰和诱惑的路，一个人的伟大之处莫过于此。

很多时候我们无法选择我们所生活的环境，而无论环境如何，都不能成为我们随波逐流的借口。只有不受外界影响，时刻保持自己如山般坚定的原则和信念，才能在平凡的环境中做出不平凡的成就。

有个小和尚学习入定，可是每当入定不久，就感到有只大蜘蛛钻出来捣乱。没办法，他只得向老和尚请教。

小和尚说："师父，我每次刚一入定，就有一只讨厌的大蜘蛛出来捣乱，怎么赶也赶不走。"老和尚听了小和尚的话，便给他出了一个主意，让小和尚准备一支笔，并说道："如果下次你入定时那个蜘蛛再出现的话，你就用笔在它的肚子上画一个圆，等你醒来就能找到它的真身了。"

听了师父的话，小和尚再次尝试，当他准备入定的时候，蜘蛛果然再次出现了，小和尚就按照师父的教诲，拿出准备好的笔在蜘蛛的肚子上画了一个圆。神奇的是在圆画好的同时蜘蛛也消失不见了，这次的入定非常顺利，小和尚也终于静下心来了。

小和尚出定后便寻找起蜘蛛的真身来，这时他才发现，那个圆竟然出现在了自己的肚子上！小和尚顿悟了，原来无法入定不是有其他的客观因素在捣乱，而是自己的心魔使然！

入定时却有一只大蜘蛛钻出来捣乱，小和尚以为是寺院的环境不清净，结果在师父的指点下，才知道蜘蛛是自己心中的杂念，一切皆因为自己的心不静。你认为到底是谁在打扰你，阻挠你的生活？静下心来好好想想，你会发现，原来除了自己，再无他人。

是我们的暴戾使我们总从他人眼中看出敌意，是我们的防范之心使我们总从他人话语中听出言外之意，是我们的浮躁焦虑，才使得我们面对生活时焦头烂额、一团乱麻，面对世界只觉得肮脏乏味，却看不到充满赤子之心的孩子在同样的这个世界上，如何欣喜若狂，陶醉其中。

所以，当生活中出现某些不愉快的问题时，不要第一时间冲动地指责或抱怨别人，让自己安静下来，多从自己身上找找原因，或许能更快地找到问题的根源。很多事情也许就变得更加容易解决，与他人也就更容易相处了。

我们常常指责他人的生活方式，却很少反观自己的评价标准；我们常常抱怨别人的不够宽容，却很少反省自己是否足够谦和；我们常常诉苦遭人误会被人苛待，却很少自省自己是否努力进行了沟通。我们带着有色的眼镜去看别人，却埋怨别人心思不够洁净、纯白。

其实，只要内心清净，无论外界怎样恶浊，也污染不到我们。

同样是贫民窟，滋生过无数地痞流氓，却也诞生了马拉多纳这样的一代球王；同样是豪门出生，有人将家业推上巅峰，有人浑浑噩噩败家无数。

我们无法选择自己身处的环境，也不能拒绝外界的污浊，但无论外界如何变化，只要我们坚守自己的原则，就不会随之沉沦，终有拨云见日的一天。

## 第三章／如山的稳重：
### 得意之时莫张狂，受困之时莫彷徨

如山坚定，淡定坦然。人生之路大多不会是一帆风顺的，坎坷曲折时有出现。但只要坚守自己的目标，不以物喜，不以己悲，处事淡定，宠辱不惊，就能避免走弯路、岔路，就不会自乱方寸，就会始终向着最初的目标前行，取得最后的成功。

## 1. 淡定让你的人生不沉沦

莫泊桑曾说过："天才，无非是长久的忍耐。"而忍耐的背后需要的，是一颗冷静、淡定地对待人生起落的内心。

人生，看似宏大的命题，其实总结起来不过是甜与酸，苦与乐。在这充满起伏的人生里保持不沉沦的向上态度，就需要如山般稳重的气质，就是要学会享受甜，承担苦。人们很容易在乐中忘乎所以，又在苦中自暴自弃——这样的生活态度，势必无法带来成功和幸福的人生。只有在成败之中保持内心的从容淡定，才能不被情绪左右，在人生的大道上笔直向前。

有一个茶师有一手高超的茶艺。有一天他要远行，为了避免遇到劫匪，他便将自己打扮成武士的样子，这样劫匪看到他自然就会躲开了。

不过这种伪装很快就被拆穿了。茶师在路过一个闹市的时候，有个武士见他一身武士服，便要和他切磋武艺，茶师敌不过他的热情，只得实情相告。武士听后异常愤怒，对茶师说："你不懂武艺却身穿武士服，这是对武术的侮辱！你要为此付出代价！我给你半天的时间，让你带上你最后的尊严下午来受死吧！"

茶师听后非常害怕，但也深知无法躲过，只能到武馆当中求助，希望武师告诉自己怎样留住自己最后的尊严，让自己死得不会太狼狈。

武师答应了茶师的要求，不过他让茶师先为他泡次茶。茶师想到这或许是自己生前的最后一盏茶，于是异常用心。他忘却了一切，投入到了沏茶的过程当中。武师喝了一口茶，对茶师说："这是我喝过最好的茶，其实你根本不需要向我请教什么，只要你用泡茶时的心境面对武士，那么你的问题就解决了。"

下午的时候茶师如约而至，他和上午完全不同，他没有了恐惧，只剩下了从容和安然。在武士面前他淡然地解开自己的外衣，将脱下的衣服叠好，从始至终他都面带微笑。没想到看到他的状态武士反而紧张了起来。最终武士敌不过这样的气氛，跪在了地上，对茶师说："您深藏不露，您是我见过的武功最高的人了！"

茶师没有强健的体魄，也没有高超的武艺，但是他的气势让他看起来无比高大。有些时候，拥有一份淡定的态度和沉稳的心境远比许多外在的修炼更为重要。

正如硬币的两面一样，快乐和痛苦是相伴而生的，它们经常交替或交织地存在于人们的感受之中。用超然的心态看待苦乐年华，以平和的心境迎接一切挑战，这是一种宠辱不惊、能屈能伸的弹性，而这种弹性往往会使祸患离身，福泽绵长，缔造沉静而安然、充实而辉煌的人生。

淡定的人生态度，不只让我们获得看淡成败的超然，也让我们在面对挑战时更加从容，从而更加自信，更易成功。

淡然如菊，沉稳如山，有这样的心态，无论身处怎样的环境，都是人间好时节。

在世界的变幻中，我们淡然以对，岿然不动地获得了韧性与力量，再也不用害怕风雨的洗礼。其实，幸福正藏在你的抽屉里、你的鞋帽间、你的 CD 中、你的文字里。努力地用心去体会、感受生活中的点点滴滴，打造一个属于自己的天堂，这样，你就可以找到它。正如林徽因曾写过的："红尘陌上，独自行走，绿萝拂过衣襟，青云打湿诺言。山和水可以两两相忘，日与月可以毫无瓜葛。那时候，只一个人的浮世清欢，一个人的细水长流。"

淡定处事，不受飞短流长所羁绊，不为名利权贵而踯躅，窗前明月，清茶一杯，好书一卷，精神如白云行空，无拘无束、自由自在，你可以感受到前所未有的清静与悠然。安享每一次潮起潮落，斗转星移；每一次秋叶飘零，每一次百花竞开。

## 2. 冲动是魔鬼，谁碰谁后悔

都说冲动是魔鬼，这并不是夸大其词。有时人们确实会因为冲动而失去理智，做出一些错事来，导致的结果自然会使我们痛苦、难过。有时冲动甚至会改变一个人的命运！

冲动，带来的只有矛盾的激化和事后的悔恨。而冷静沉着，带来的却是反思的空间，筹备的空间，和最终奋起的空间。人们常说"忍一时风平浪静，退一步海阔天空"，这句话就是要我们静一静心，忍下一时的冲动。平心静气以后，才发现那么多波折本可以避免，才发现原来是自己把自己逼进了一条死胡同，一回头，便柳暗花明。

有一位久战沙场的将军厌倦了战争，专程到禅师处要求出家，他道："禅师，我现在已看破红尘，请禅师慈悲收留我出家，让我做您的弟子吧！"

禅师说："可是你尘缘未了，你能够放下你的家庭和社会地位吗？还不是时候，你再考虑考虑吧！"

但是将军已经铁了心要出家，便对禅师说："我已经什么都放下了，无论是我的妻子还是我的孩子，我的地位、名誉一切都可以不要，您就为我剃度吧！"

禅师仍旧没有答应，对将军说："这样吧，明天如果你还执意剃度的话，我就让你出家。"

第二天，将军起了一个大早，来到寺里礼佛，禅师一见到他，便说："将军为什么起得这么早就来拜佛呢？"

将军学习用禅语诗偈说道："为除心头火，起早礼师尊。"

禅师开玩笑地也用偈语回道："起得那么早，不怕妻偷人？"

将军一听，非常生气，骂道："你这老怪物，讲话太伤人！"

禅师哈哈一笑道："轻轻一拨扇，性火又燃烧，如此暴躁气，怎算放得下？"

将军自以为了断尘缘，一心出家礼佛，然而禅师用言语一激便怒气冲天。其实将军发怒时就该意识到，自己并没有真正放下妻儿家庭，所谓出家，只不过是想逃避战争之苦的一时冲动罢了。

人们常感叹："世上没有后悔药。"路是自己走出来的，可是为什么世人却又对后悔药念念不忘呢？很大的原因，就是听凭一时冲动做了事，造成的结果再也不能更改。

冲动并不意味着勇气，沉稳冷静也不是懦弱地忍气吞声。内心冲动时，以如山般沉稳的心克制和约束，以获得更深远的考量与权衡。"君子所取者远，则必有所持；所就者大，则必有所忍"。

西汉名将韩信武功盖世，称雄一时。但当他还是贫困潦倒的平民百姓时，曾经有个地痞侮辱他说："你敢杀人吗？你若敢杀人，那你就先杀我；要是不敢的话，就从我裤裆下钻过去。"面对这等奇耻大辱，韩信很想与地痞一决高下，但他深知"包羞忍耻是男儿"的道理，静下心来克制住了自己的冲动，硬是从地痞的裤裆下钻了过去，围观的人都讥笑韩信懦弱。

但就是这个不愿因冲动无故杀人而甘受胯下之辱的韩信，作为军事家为后世留下了大量的战术典故：明修栈道，暗度陈仓、夏阳偷渡、木罂渡军、背水为营、拔帜易帜、沉沙决水、半渡而击、四面楚歌、十面埋伏，等等。

面对社会中错综复杂的关系，面对工作中无可排遣的压力，面对人际交往中不时发生的冲突误解，冲动办事非常容易，可是冲动又能解决什么问题呢？发泄过后，压力还要承担；逃避过后，现实还要面对；争吵之后，问题不会化解，人际关系却更加糟糕。

既然如此，何不学一学山的智慧，以山的沉稳应对内心的冲动，让内心的冲动冷静下来，再去理性地解决矛盾。

冲动时的沉稳，不是退缩，不是逃避，不是被动的处事态度，而是以宽容和忍耐化解矛盾。沉稳冷静，也不是为了消极地将闷气憋在心里，而是为了海宽天空，为了以退为进，为了厚积薄发。在声色货利的前面，我们需要静下来才能控制自己的享受欲；在权利名位的前面，我们需要静下来才能控制自己的贪欲；在侮辱诽谤前面，我们需要静下来才能控制自己的报复欲。生活中总会遇到不好的事情，如果我们非要和别人厮杀一番，结局很可能是两败俱伤。而适当地静心忍耐一下，控制自己的所作所为，往往就能春风化细雨，一切回归风平浪静。

## 3. 得意之时莫张狂，受困之时莫彷徨

得意之时，莫过喜；失意之时，莫过悲，这既是一种超凡脱俗的生存智慧，也是一种战胜自我的豁达大度，更是一种充满哲理的做人境界。愿我们能正确地看待失意，即便处于极度失意之时，也能守住道德的底线。

很多时候，我们的生活并不如我们所期待的那样美好。星移斗转，世事

变迁，好事和坏事都会发生。我们很容易在成功时喜形于色，又在失败时垂头丧气。事实上，在人生的大舞台上，没有人会永远在台上发光发亮，总会有下台的时候。下台的滋味总是不好的，这是人之常情，但是，我们要尽快平衡心态，让自己"上台下台都自在"。

人总有处在低谷的时候，这样的时候，要能平心静气地做自己应该做的事情，而且要认真反思自己的缺点，提升技能，随时准备再次华丽地回归舞台，无论是原来的舞台或者另择他地，只要心态平衡，就会再次创造辉煌。

很多时候，生活就像比赛，没有人永远是赢家，总会有输牌的时候。只有在这比赛中经得起大起大落，才能认清自我。然而，有的人却只能接受赢，受不了自己成为输家。当他们抓到一手烂牌，他们就会无法安定心神，焦躁不安，甚至精神崩溃，可能会做出失态行为，甚至走上犯罪或轻生的不归路。

吉米是某公司管理科的一名普通职员，他工作非常努力，人也很有上进心，大家都认为他很快会升为科长。公司经理对吉米的工作很认可，后来真的提拔他做了科长。每天办公、开会，忙进忙出，吉米兴奋中难掩骄傲的神色。

可是过了一年，公司人事变动，吉米又"下台"了，被调到业务部当职员。这一打击使他难以承受，重新当了职员后，他时常哀叹命运不公，日渐消沉，后来变成一个愤世嫉俗的人，再也没有被升职。

先上台又下台，吉米沉浮的职场境遇值得同情。但是，上台时非常自在，下台却黯然神伤，他的这种反应不值得提倡，因为他没能用平常心应对人生中的起伏，也没人会欣赏自怨自艾、自暴自弃的人。

俗话说"三起三落是人生"，人生有太多的意外，亦有太多的不可知，并不总是处处随人所愿，这时我们陷入痛苦的情感之中实属自然，但是若让痛苦主宰自己的生活，那么人生就注定是一场悲剧。

除了痛苦，还有很多人被得意所打倒。从伟人到平民，每个人的生活中或多或少都会有得意之时，如找到一份称心如意的工作，受到上司的重视和重用，买股票狠狠地赚了一笔钱等。得意是生活给我们的奖赏，来得越多越好。

但是，如果被一时的得意冲昏了头脑，被各种荣誉、鲜花和掌声包围，心变得浮躁起来，激动起来，变得飘飘然，甚至忘了自己是谁，自以为是、目中无人，恶念和恶行趁隙而入，那么就可能离失败不远了。想来，人生遗憾之事，莫过于此。


Eely 是一所名牌大学中文系的毕业生。文采出众，再加上她精力充沛，很顺利地谋得一家报社的工作。因为能力强，领导交代的任务，每一次她都能出色地完成。因此，Eely 总是将自己视为公司最有才能的人。

当别人的工作出现问题时，Eely 总会用夸张的语气说道："不会吧，一篇社会新闻都写不好？"当别人指出她的方案有问题时，她第一个反应是："那也没办法呀！谁让你们提不出比我更好的办法。"

日子一久，谁都不愿意和 Eely 一起工作了。Eely 也意识到自己的孤立状态，可她认为问题不在自己身上，是同事太忌妒自己的才能，才要尽量远离她。可是几年下来，眼看身边的同事一个个升了职，只有自己还是当初进入报社时的那个职位，Eely 不明白，为什么明明自己能力出众，却始终得不到领导的器重呢？


Eely 自以为才高八斗，无人可比。可是因为太过得意忘形，对同事总是带着轻蔑的态度，所以自然被众人所孤立。领导自然明白，无法与同事和睦相处的 Eely，即使才华再高，也无法给她升职让她来管理别人，否则只会造成更多的矛盾。所以，Eely 就只能在她原本的职位上来发挥她的才能。如果 Eely 能保持沉稳克制，那么她的才能一定会大有可为。

总而言之，人生的际遇是变化多端，难以预料的，起起伏伏逃都逃不过。碰到这种时候，我们就应有"台上台下都自在，主角配角都能演"的心态，这种进退自如就是《菜根谭》所谓的"宠辱不惊，闲看庭前花开花落；去留无意，漫随天外云卷云舒"，最能显示一个人的大气之风。


## 4. 不以物喜，不以己悲

俗话说："人生不如意之事十之八九。"古人云："不以物喜，不以己悲。"便是要我们淡定生活，既要赢得起，也要输得起。要做到这点，就要既有如山的沉稳，也要有如山的胸怀。

有一个和尚，他看着和自己一起出家的人渐渐都开悟了，自己却没有什么实质的进步，想来想去好像只有苦行僧这一条道路可走了，为此他收拾行囊准备远走。

在一切收拾妥当之后，和尚向自己的师父辞行，他对师父说："弟子辜负了您的教诲，虽然已经参禅十年有余，却仍旧不能开悟，只能说我没有慧根，现在弟子和您辞行，决定做一个苦行僧云游四方。"

禅师听后这样问道："这是你要远走的原因吗？还是你认为云游四方就

可以顿悟了呢？"

　　和尚答道："我每天除了吃饭和睡觉之外，大部分时间都用来参禅，但是仍旧不得开悟，眼看着身边的人都有了进步，唯独我一人原地踏步，时间久了，自然觉得疲惫，就想做一个苦行僧。"

　　禅师听后说道："你觉得什么才是开悟呢？悟本身就是自己本性的流露，是学不来也无法记得的，没有办法形容，更不能传达给别人。你身边的人开悟了那是别人的事，和你修禅没有丝毫关系。"

　　和尚接着说："可是和周围的人比较，我就觉得自己是渺小的麻雀！"

　　禅师听后笑了，反问道："大鹏展翅便是百里的距离，可是它飞过生死了吗？"

　　和尚听后静默不语，似有所悟了。


　　现实生活中，我们常常都因为外物的好坏和自己的得失或悲或喜。正如故事中的和尚，因为别人日益精进自己进步缓慢而焦急万分，失去了自己的从容沉着。

　　我们每个人人都要面临不顺利，这样的时候，有的人悲愤不已，一蹶不振；有的人却可以淡然处之，痛定思痛，在蛰伏中寻求再次起飞的机会。

　　世界上有永远的失败吗？有，也没有。当你被这失败打垮，拒绝再次振作时，失败就成了你生活的永恒旋律。但如果你能不失去内心的坚定，拒绝低头，即使跌倒一千次、一万次，你也能一千零一次、一万零一次地站起来，那么什么样的失败都只是暂时的苦难。

　　我们在人生中也都经历过不断前进的阶段，这样的时候，总有的人喜不自禁，沉溺在志得意满之中；有的人却坦然相待，继续努力，最终"百尺竿头更进一步"。

成功是没有限定的，只要不被自满的情绪打败，就总有上升的空间。只是人们常常得到了就喜悦，得不到就痛苦，沉溺在自己一时的情绪中，失去了前进的动力。

大鹏鸟一展翅就飞过800里，但不能飞越生死大海。小麻雀与大鹏鸟从速度上比较有快慢，但本质上却是一样的——都是生命，都有死的一天。

现代社会，一些人的得失心理很严重，今天看到张三家买了新车，就抱怨自己没本事；明天看到李四家房子比自己的小，就沾沾自喜。这样计较得失，除了让自己更加消极，生活更没追求之外，没有什么更好的后果了。

其实，只要摆正心态，无论得到或失去都是生活中一种难得的动力。只要你保持如山般的沉稳冷静，更上一层楼就不再那么难了。

每个人都是赤条条地来，赤条条地去，不要计较每一天的得失，以一颗从容淡定的心安享四季的美好，生活的真意就在其中。

## 5. 扫除浮躁，为心灵除尘

人人都渴望成功，成功的标志从内心的成就感渐渐转变为了金钱、地位、名望。当成功逐渐成为衡量一个人的几乎唯一标准时，急功近利的浮躁心态也就随之产生。

浮躁就像一个黑洞，无声无息中吞噬着本来宁静的灵魂，无论是在事业上还是生活上，我们必须远离浮躁，让人性回到本真状态，获得心灵的充实、丰富、自由和纯净，从而时刻保持对工作、生活的绝对掌控，真正享受人生。

在古时候，我国的先哲们就已开始劝世人戒除"浮躁"。比如，在《论语》中，就有"欲速则不达，见小利则大事不成"、"小不忍，则乱大谋"以及"三思而后行"等富有哲理的话。

而在如今这个瞬息万变的红尘世界中，不少人受到外界诱惑的冲击，心安静不下来，想要保持内心如山般沉稳好像太难了。

我们常说不是我们不想平心静气地生活，不是我们不愿意以沉稳冷静的心态面对事实而是环境不允许。

然而有句话说得深刻：你若盛开，清风自来。

如若你内心沉着冷静，即使身处闹市也可"而无车马喧"；相反地，如果你内心不宁，那么你所看到的世界自然也浮躁不安。


从前有一个人，初来剃度的时候信誓旦旦地向老和尚表示自己愿意皈依佛门，但才念了不到一个月的经就受不了寺院的寂寞，还俗去了。两个月后，他又说忍受不了红尘的喧哗浮躁，又要求重入佛祖门下。老和尚一时心软，就答应了。三个月后，他又说佛门冷清留不住人，又一次离开了。

那个人就这样来回闹腾，"皈依佛门"已经五次了。这天，那人又上山来，要求再次皈依佛门，这让老和尚很烦恼。突然间老和尚恍然大悟，终于想出了一条妙计。老和尚把他叫来，对他说："这样好了，你不用皈依佛门，但也别到红尘厮混，只做个俗人。你不如就在半山腰的凉亭那里开个茶馆，也省得两边跑麻烦。"

那人听了非常高兴，还真的在凉亭那儿开了个茶馆，讨了个老婆，开开心心地过着生活。


生活就是修行，要有耐性，要能甘于淡泊，沉稳如山。这样才能获得自己真正想要的生活，不然只能是疲于奔命，却不知为何而忙。

浮躁是人生的大敌。失去宁静而平淡的心，浮躁便滋生了。通常浮躁的人只会盲目地追逐膨胀、空泛的目标，思想早已脱离了实际。他们在幻想的世界当中骑马奔腾，却忘了在现实当中学会脚踏实地地生活、工作，用自己的欲望抹杀了自己努力的决心，通常最后人们也都在这道坎上摔跤。

侯剑是名牌高校毕业的学生，在求学的时候他选择了市场营销专业，同时还选修了工程管理，这些都成为了他的标签，让他在众多学生当中脱颖而出。毕业之后，人们都非常看重他，认为他肯定会有光明的前途，但令人没有想到的是，他去了很多招聘会，都没有找到合适的工作。

看着同期的同学都找到了合适的工作，侯剑越来越焦躁。明明自己是双学士，却找不到合适的工作，难道不能直接做中层管理人员吗？经验那么重要吗？最终没有办法，侯剑只能放低自己的标准，去了一家物流公司，担任采购。

虽然工作有了着落，但是侯剑心中非常不满，他总认为自己受了莫大的委屈。这样的心态让他没多久就辞职跳槽了。到了一家私企之后，侯剑发挥自己的聪明才智，很快做到了中层管理的位置，虽然他的愿望实现了，但是他仍旧不能满意，因为在这里他认为没有足够的发展空间，于是再次跳槽……时间就在他不断地换工作的过程中逝去了，眼看着身边的人升职加薪，他仍旧没有找到合适的工作。

俗话说"成以敬业，毁于浮躁"，成功不会一蹴而就，需要定下心性，脚踏实地地奋斗。因此，我们要想获得一定的人生成就，想实现人生的价值，就必须克服浮躁的心态，就需要保持如山、如松般沉稳冷静的气质。

别人的成功有时会严重影响自己的情绪，让自己变得急功近利，这就是一种浮躁的状态。要想成功，显然要摒弃这种浮躁。《大学》中说："定而后能静，静而后能安，安而后能虑，虑而后能得。"可见欲望当前，唯有保持从容淡定，才能让自己走向成功。

人生很漫长，事业如同一场马拉松比赛，如果为了超越对手而盲目加速全力冲刺，往往无法坚持到最后。成功凭借的是一种坚持，起点和半途之时无法猜出最终的结果，你的胜利不在于你跑得多快、多领先，而在于你能坚持不懈地跑到最后。

## 6. 追求自然，享受坦然

西方哲人蒙田曾告诫我们："人生最艰难之学，莫过于懂得自自然然过好这一生。"凡事顺其自然，自然而然过好一生，对每个人来说，都是一个既平易又艰深的课题。

生不逢时或是人在屋檐下是多少人的感觉和烦恼。在奔波的都市生活中，我们总是以各种虚幻的心愿来抵消现实的不如意之感：如果能生活在大自然中，不用每天呼吸浑浊的空气就好了；如果能有一座带花园的房子就好了；如果当初不选择这份工作，进另一家公司就好了……然而心愿虽然美好，现实却依然坚硬。于是，我们就在愿望的不可得和对现实的不满意之中抑郁、焦虑，倍感无所适从。

生而为人，很多事情我们都无法选择，我们不能选择自己的出身，不能选择自己的境遇。每个人都想成为温室中名贵的牡丹，然而若天不遂人愿，那么就需要一点蒲公英的精神，无论落在怎样的境况，都可以随遇而安；无论落入多贫瘠的土壤，都努力地向深处扎根，美丽地向天空开放。

花的开谢随季节转换，水的流淌依据地势的变化，树的摇摆顺着风的方向，它们都懂得顺其自然的道理，所以花可以开得鲜艳，树可以长得茁壮。让很多事顺其自然，你会发现你的内心会渐渐晴朗，性情中也多了一份平和与洒脱。


有一名禅师是一个很了不起的智者，他有两个徒弟。

有一天，禅师带着徒弟们出远门，行到某处的时候，他见一棵树长得很茂盛，而另一棵树却只剩下枯黄的枝叶，便想借机示教，于是便指着两棵树问道："在你们眼中，哪棵树更好？"

"当然是茂盛的那棵树好了，"大徒弟抢先作答，"荣代表着欣欣向荣，是生命的象征。"

"枯的好，"小徒弟争辩道，"枯，万物归天，一切皆空。"

禅师笑而不语，这时候，旁边走来一个小沙弥，于是禅师又问小沙弥："这树是荣的好，还是枯的好？"只见小沙弥淡然一笑，回答道："荣的任他荣，枯的任他枯。"


好一个"荣的任他荣，枯的任他枯"，小沙弥心底的那份从容、淡定、宁静、显露无遗。无论外界怎样地喧嚣变幻，自己的内心都风平浪静、波澜不惊，这是一种多么绝佳的禅意姿态，也是心理学中的最高境界。

在这个个性张扬、浮躁忙乱、追名逐利和感官享受的红尘世界中，不少人的心被撩拨得蠢蠢欲动，不是为追求名利、患得患失所劳役，就是被尔虞我诈、钩心斗角所左右，一有所得就喜形于色，一有所失就闷闷不乐，随之而来的必然是痛苦和烦恼。

若能以大山的从容沉着来潇洒应对，处变不惊，便可享受坦然心态，即使身处繁忙都市，也是自在人间。

在生活中，常常一点点改变就会让我们陷入患得患失之中，得到一点荣誉，便怕失去；获得一点关注，便怕"过气"；有过一次挫折，就怕再跌跤；受过一次伤害，就怕再次投入。我们会为很多诸如此类的小事轻易地失去平常心，陷入精神的折磨之中。

沉稳如山，坦然如山，是面对成就与荣誉时的谦和自制，是面对失败与挫折时的不气不馁。追求自然，享受坦然，可以让我们在顺境中不失于浮躁，从而稳扎稳打地更上一层楼；可以让我们在逆境中不自暴自弃，从而披荆斩棘，重返辉煌。


1954 年的世界杯，被广为看好的巴西队在一路顺风顺水杀入半决赛后，却意外地输给了法国队，没能将那个金灿灿的奖杯带回巴西。

没能达成民众的期待，这让球员们悔恨不已，他们在飞机降落的那一刻就准备好了接受众人的辱骂，也准备好了接受随之而来的一切诋毁。然而让他们想不到的是，在下飞机的那一刻，他们看到了巴西的总统，他带领着上万名的球迷站在机场当中，人们举着这样的一条横幅："一切都会过去。"

民众的态度让这些坚强的球员也禁不住落泪。

四年后的世界杯上，巴西足球队不负众望赢得了世界杯冠军。

这次回国时，在从机场到首都广场将近 20 公里的道路两旁，聚集了超过 100 万的球迷。巴西足球队人人意气风发、抬头挺胸地等待接受欢呼和喝彩。然而一下飞机，他们就看到了一条醒目的横幅："这也会过去。"

球员中参加过四年前那届世界杯的老将看到这条横幅几乎都流泪了。直到这时他们才真正懂得四年前那天横幅的全部含义。

这也会过去。在人生中，难免有成有败，难免有起有落，但无论成败都终究会过去，而生活却还要继续。与其纠结于胜败得失，不如顺其自然，保持一颗坦然洒脱的心，无论胜败都泰然处之，才能在人生的起落之中保持平和心态。

追求自然并非消极地等待，更不是听从命运的摆布。它更多的是指凡事不必刻意强求，保持一种内心上的安定和淡然。谋事在人，成事在天。做出自己百分之百的努力，并享受付出的过程；而对结果，不要一味渴求；对失败，更不要念念不忘。

追求自然，享受坦然，拥有一颗如山般沉稳的心，人便可保持清明，没有妄情、妄念、妄想，让心境平和淡然，顺天而行。一个人若能淡然笃定地掌控自己的内心，无疑会最大限度地发挥主观能动性，因势利导，取得成功。

## 7. 莫让别人聒噪你的人生

每个人的心灵都是一方土地，你种下什么，就收获什么。如果你撒下的是乐观健康的种子，那么即使周围毒草蔓延，你依然会收获美好的东西；如果你撒下的是颓靡悲观的种子，那么即使被鲜花包围，你的土壤生长出的依然是杂草。

我们常常将自己的失败归罪于别人，考试失败，是因为别人打扰了你复习；任务没按时完成，是因为工作环境太嘈杂；上班总是迟到，是因为不是赶上堵车，就是下雨，再不然就是赶到公司找不到车位——却从没想过如果提前 15 分钟出门，也许这些就都不是问题。

每个人都可以自由地支配自己的内心，无须别人做主！不必太在乎别人的眼光，坚持按本色做人做事，踏踏实实走好每一步，才能演绎出自己的特别，才是彰显泰然自若中的华彩。

有这样一个故事：

一个农夫与儿子共同赶着一头驴到附近的市场去做买卖。

没走多远，父子俩就看见几个路人对他们指指点点。其中一个人大声喊道："你们见过像他们这样的傻瓜吗？有驴子不骑，宁愿自己走路。"听到这话，农夫心中很在意，立刻让儿子骑上了驴，自己则在后面跟着走。

走了一会儿，他们又遇见一群老人，只听他们哀叹道："你们看见了吗？现在的老人可真是可怜。那个孩子只顾自己骑着驴，却让年老的父亲在地上走路。"农夫听到这话，连忙就让儿子下来，自己骑上去。

走了一半的路程时，父子俩又遇上一群孩子，几个孩子七嘴八舌地乱喊乱叫着："嘿，你们瞧那个狠心的爹，他怎么能自己骑着驴，让自己的孩子跟着在后面走呢？"农夫听罢，立刻叫儿子上来与他一同骑在驴背上。

快到市场时，又听到有人说："哟，这驴多惨啊，竟然驮着两个人，真怀疑这是不是他们自己的驴。"另一个人插嘴说："哦，谁能想到他们这么骑驴啊，瞧驴都累得气喘吁吁了，这样的驴哪有人肯买啊。"

听罢这话，农夫对儿子说："怎么骑驴都是错，依我看，不如咱们两个人驮着驴子走。"于是，他和儿子急忙从驴上跳下来，用绳子捆上驴的腿，找了一根棍子将这头驴抬起来，卖力地向前赶路。

当父子俩使出了浑身的劲将这头驴抬过闹市入口的小桥时，又引起了桥头上一群人的哄笑。当时驴子受了惊吓，挣脱了捆绑，撒腿就跑，不想却失足落入河中，淹死了。农夫最终空手而归，他既懊恼又羞愧。

故事听起来十分可笑，可是现实生活中，多少人就是在别人的鼓噪下，做着违心的事情，过着给别人看的人生；多少人在社会的规则、大众的压力下放弃了自己的个性、自己的天赋、自己的道路而盲从大流。

大众所谓的规矩只是一种习惯，遵循标准和常理的人总是规矩最忠实的践行者，但他们注定了一辈子要踏着别人的脚印走路，毫无创意可言。另辟一条蹊径，走别人没走过的路，我们的人生才会与众不同。

然而，选择走自己的人生道路并不是一件容易的事，而是一段艰难的奋斗过程。在这个过程中，我们不仅需要忍受不被人理解的困扰和庸碌者无知的嘲笑，更需要有足够的智慧、魄力和勇气，以及孜孜不倦的热情。

瓦尔特·惠特曼是美国历史上最伟大的诗人之一，他自小爱好文学，曾先后担任《纽约曙光》、《布鲁克林每日鹰报》、《自由民》等出版物的编辑、主编，因与当权者政见不合而不断被解职。

于是，惠特曼渗入各个领域、各个阶层、各种生活方式，倾听了来自人民的、民族的不同心声，1855年他的诗集《草叶集》问世。《草叶集》的命运十分坎坷，初版只印了1000册，结果一本都没有卖掉，全送人了。这是因为，《草叶集》冲破了传统格律的束缚，运用崭新的形式表达了民主思想和对种族、民族以及社会压迫的强烈抗议，惠特曼那新颖的思想内容，创新的写法、不押韵的格式，并没有那么轻易地被人民大众所接受。

尽管如此，惠特曼又于第二年加印了《草叶集》第二版，在这版中他加进了 20 首新诗，这一版依然没有受到大众的喜爱。1860 年，当惠特曼决定印行第三版《草叶集》，并打算补进一些新作时，当时著名的作家爱默生竭力劝说他取消其中几首刻画"性"的诗歌，否则第三版依然不会畅销。

然而，执着的惠特曼并没有因为爱默生的竭力劝说而让步，他对爱默生表示："在我的灵魂深处，我的意念是不会服从任何束缚的，而是走自己的路。《草叶集》是不会被删改的，删后还会是这么好的书吗？任由它自己繁荣和枯萎吧！"

结果，第三版《草叶集》的出版获得了巨大的成功。不久，它便跨越了国界，传到了英格兰，传到了世界的各个角落，对美国和欧洲诗歌的发展产生了巨大的影响，惠特曼也成为享誉全球的诗人。


成功的路总是狭窄而崎岖的，因而走的人便少，于是达到成功终点的人也少。大部分人都选择了宽敞而平坦的路，终点却是平庸。当一个人选择走上通往成功的路时，总会受到走在大路上的人非议。只有不受这些非议的影响，坚定地在这条狭窄崎岖的路上走到头的人才能获得成功。

人要有如山般沉稳的气质，就是为了在面对质疑和非议时可以不为所动，知道自己要的是什么，从而坚定地在自己选择的道路上走下去。

记住，只有你自己才能掌控自己的生活，别人的聒噪不过是你前进路上的风、雨、落叶。保持一颗沉稳坚定的心，任由身边风雨来袭，任由他人评说，你依然能在自己的道路上不断向前，走出精彩。

## 8. 纵然山雨来，稳坐钓鱼台

山雨欲来风满楼。我们的人生也常常出现风雨飘摇的时候。生活中的阳光突然被乌云遮掩，原本幸福的花园在风雨中一片狼藉。这样的时候，我们常常对人生产生疑问，对自我价值产生怀疑，也很容易陷入抑郁和彷徨的泥淖。

然而没有任何一株幼苗不经历风雨便可长成参天大树，风雨犹如我们成长路上必经的坎坷，我们必须首先去接受，然后学会"享受"。享受风雨听起来像是笑谈，但当你经历过挫折，你才会知道那些负面经验对你来说是多么宝贵。风雨就是你生命中的财富，何不尽情享受其中。待风雨过后，你会发现天空更加清澈了，彩虹更加绚烂了，自己更加成熟了。

要能挺过人生中的风雨，就要有面对风雨不动摇、不慌张、不疑惑的坦然态度，要以山峰般的沉着和冷静从容对待。山雨欲来我们不能阻止，但我们依然可以潜心稳坐钓鱼台。只有以这样的姿态，才能在困境中闯出一片天地，才能在蛰伏过后一飞冲天。

英国前首相温斯顿·丘吉尔是 20 世纪最为著名、最有影响力的政治家之一。丘吉尔出身于贵族家庭，父亲是一位杰出的政治家，母亲是美国一位百万富翁的女儿，从小家教良好。父辈的荣耀对丘吉尔的成长产生了十分重要的影响。

在父母的熏陶下，丘吉尔年纪轻轻就在政治上颇有建树，不仅做了高官，还大有作为，得到了皇室的倚重。但是，当时的丘吉尔毕竟年纪尚轻，办事欠缺分寸，得罪了不少达官贵人，甚至在工作中犯了重大错误，不得不自动请辞。

丘吉尔下野以后，他的政治敌人就开始四处散播谣言："丘吉尔的政治生命到头了，真是自作孽不可活！"当时的英国社会没有多少人想到日后丘吉尔居然还会东山再起。

丘吉尔没有在意，而是全心休整自己，在其后的十年时间里，丘吉尔阅读了大量的书籍，著有26部著作。在这些著作的写作过程中，丘吉尔加入了自己的深入思考，几乎每一本书在出版后都会获得无数好评，在世界各地被翻译成各种版本并引起轰动和抢购。1953年，丘吉尔被授予诺贝尔文学奖，这是诺贝尔文学奖历史上少有的颁给政治家的文学奖项。

《泰晤士报》断言："20世纪的作家中恐怕没有人会比丘吉尔拿到的稿费更多。"

丘吉尔凭借自身的积极沉淀和积累，终于在英国处于危急关头时重回政治舞台，带领着英国人民取得了反法西斯战争的伟大胜利。


在政治舞台的跌跤，对丘吉尔来说无疑是他事业生涯中一场倾盆而下的暴雨。然而丘吉尔并没有慌张、消沉，而是以山一般沉稳的气质接受了现实，并依然稳扎稳打地自我提升，终于成为了后来的国民英雄。

风雨本就是天气的一部分，就像挫折坎坷本就是人生的一部分。不要为此而惊慌失措，要稳稳地静下心来，做好自己当做之事。


杰克年纪轻轻就当上了某大公司的高级管理人员，公司十分看重他，也乐意培养他。但是在他刚刚走马上任不久，就因为一次冒险的投资，导致公司损失了上百万美元。

公司的创办者保罗把杰克叫进自己的办公室，还没开口说话，杰克就抢先开门见山："我想您一定是要叫我写辞职申请了。"

保罗哈哈大笑着说："你不是认真的吧？公司可是刚刚为你交了数百万的学费，这时候走可有点儿不厚道哦！"

在成功的道路上挫折和风雨不可避免，既然已经发生了，那就往前看，就当交了学费，把教训总结出来，对得起所交的学费才是理智的做法。

在风雨飘摇中，我们得以成长和成熟。风雨给了我们历练的机会，也给了我们经验和教训，是风雨在背后推着我们前进。

"气，乃神也；气定，则心定，心定则事圆。"《老子》中的这句话，说出了我们在面对人生中的风雨飘摇时应有的最佳态度——定下来，稳坐钓鱼台。


## 9. 非淡泊无以明志，非宁静无以致远

平常岁月，拥有一份淡泊的心境，平凡的日子便不显得庸碌，繁忙的生活也不失于浮躁，无论外界风霜雨雪，内心都能守得平和淡定，生活才不会迷失方向。

古人云："非淡泊无以明志，非宁静无以致远。"只有安守宁静淡泊之心，才能在短暂的人生中获得长久的平和安宁。

弘一法师，俗名李叔同，本生于富贵之家，是一位才华横溢的艺术家，是名扬四海的风流才子，集诗词、书画、篆刻、音乐、戏剧、文学等于一身，

在多个领域中开创了中华灿烂文化之先河，用他的弟子、著名漫画家丰子恺的话说："文艺的园地，差不多被他走遍了。"

但是，正当盛名如日中天之时，李叔同却彻底抛弃了一切世俗享受，到虎跑寺削发为僧了，自取名法号弘一，落尽繁华，归于沉寂。出家24年，他的被子、衣物等，一直是出家前置办的，补了又补，一把洋伞则用了三十多年。所居寮房，除了一桌、一橱、一床，别无他物；他持斋甚严，每日早午二餐，过午不食，饭菜极其简单。


或许有的人无法理解，前半生既然累积了名望和财富，为什么下半生却不去享受这些，而要剃度出家呢？或许只有弘一法师才能道出其中真谛，对于自己的转变他没有过多的情绪，一切都云淡风轻，他坦然而从容地享受着绽放过后的平淡，品味着生活的真谛。

在古人眼中，所谓的淡泊就是"风来疏竹，风过而竹不留声；雁过寒潭，雁去而潭不留影。故君子事来而心始现，事去而心随空"。也就是说，世间万物最后终成空，既然如此，不如随遇而安，顺其自然，以这样的心境和态度面对生活，才能永远不迷失自我。


苏东坡著名的词《定风波》中有这样一句："回首向来萧瑟处，归去，也无风雨也无晴。"写得飘逸洒脱，将人世间的风雨都一掠而过，充满了随遇而安的豁达之情。在生活中，苏东坡也是如此做的。

虽然苏东坡在文学方面造诣颇深，但是他的人生并不顺利。他也曾尝试仕途，然而他从政开始就被政敌打压、排挤，也因此被贬，不仅如此，他甚至还差点失去性命。他在而立之年的时候，和王安石意见相左，被贬到了杭州；不惑之年他又因为奸臣的谗言入狱；第二年，出狱后的他再次被贬。五十多岁的苏东坡仍旧没有被恐惧吓破胆，他仍旧保持自己的意见，也因此和权贵产生冲突，被调职到了岭南……

这样的人生轨迹或许没有人可以接受，但是豁达的苏东坡乐观地接受了一切，他随遇而安的态度让他的作品当中永远充满了对人生的追求，而没有对世间的厌恶。

在"乌台诗案"遭贬后，全家人都为苏东坡担心而哭泣，可他却留下"乱石穿空，惊涛拍岸……生如梦，一尊还酹江月"等诗词，其境界之宏大，气魄之雄伟，一腔赤心报国、壮志难酬的感慨跃然纸上。

被贬黄州时，苏东坡失去薪俸，身陷"安步以当车，晚食以当肉"的窘境，他却能放下身段，带着一家老小十几口开荒播种，喂养家禽，实现了丰衣足食。

晚年贬谪海南，苏东坡一再高歌："他年谁作舆地志，海南万里真吾乡"、"日啖荔枝三百颗，不辞长作岭南人"……表现了对流放海南的不悔不怨之情。这样达观的态度是历代被流放海南的众多政客们无法相比的。此外，爱郊游、爱访友、爱谈禅论佛等爱好，苏东坡在海南一样也没丢。


虽然一生仕途坎坷，被流放于蛮荒之地，甚至被严刑拷打、几乎丧命，但是苏东坡依然自得其乐，过着宁静自足的生活，保持着乐观开朗的心态。他留给我们的不仅是一篇篇气势磅礴、格调雄浑的千古名文，更多的是他那份心灵的喜悦，是他那思想的快乐，是万古不朽的豁达心怀。

"非淡泊无以明志，非宁静无以致远"。无论对于事业还是生活，想要获得成功，我们就必须以山的沉稳来抵制浮躁，让人性回到本真状态，获得一种充实、丰富、自由和纯净，做一回心淡恬静的"素心人"。

告别浮躁，从容不迫地迎接每一轮太阳的升起！

## 第四章 ／ 如山的意志：
### 跌倒了就爬起来，做个硬骨头

如山坚定，意志弥坚。如果苦了，如果累了，如果跌倒了再也不想爬起来，那就抬头看看大山吧。数千万年屹立不倒，历尽风雨严寒，依然微笑着向世间呈现着四季的美丽风景。人人都可以有大山的意志，在困难面前不低头、不畏惧、不放弃，用一颗坚强的心战胜困难，笑傲天地，抵达成功的彼岸。

### 1. 好事自古多磨，不历艰难何以成功

在《西游记》里，孙悟空说过："俺老孙一个筋斗十万八千里，让我翻一个筋斗把经书取回来不就好了吗？"

如果真是如此，那么经书就只是写了经文的普通书本，师徒四人也不可能飞升成佛。成佛必要经过九九八十一难的考验和磨砺，而这个过程，就是师徒四人不断修炼心性，不断接近佛性的过程。最终让四人修成正果的，不是因为拿回了经书，而是在不断的考验中，他们不断地修心养性，由人成佛。

飞升成佛是无数修行的人的梦想和追求，然而成功的人却是凤毛麟角。

因为通向成佛的路是窄的，崎岖的，选择这条路的人太少，走到底的人更少。

宝剑锋从磨砺出，梅花香自苦寒来。人生的路从来都是崎岖不平的，好走的路是下坡路，而若想要欣赏到险峰的无限风光，便先要历经坎坷攀登上山顶。

世上的好事，从来都不会来得太容易。有些人觉得逆水行舟太劳累，翻山越岭太辛苦，于是他就只能在脚下的一亩三分地过平庸的日子，只有那些拥有如山般坚定的意志，笑傲霜雪的人，才能抵达成功彼岸。

每一个看似光鲜亮丽的成功人士背后都隐藏着无数的心酸和困苦的过往。


史泰龙生长在一个充斥着酒味、赌博和暴力的家庭当中，生活穷困潦倒，他身上全部的钱加起来也不够买一件像样的西服，但他仍全心全意地坚持着自己心中的梦想——做演员，当电影明星，他一刻都没有放弃过。为了实现自己的梦想，史泰龙带着自己的剧本，开始逐一地拜访好莱坞的所有电影公司，寻找演出的机会。

当时好莱坞总共有 500 家电影公司，史泰龙逐一拜访以后，任何一家电影公司都不愿意录用他。这样郁郁不得志的挫折，足以耗费一个普通年轻人所有的热情与激情，但是史泰龙没有沉沦，更没有退缩。之后，史泰龙又从第一家开始了他的第二轮拜访与自我推荐，第二轮拜访也以失败而告终。史泰龙坚持着自己的信念，又开始了第三轮的拜访，结果仍与第二轮相同。不久后，他又咬牙开始了他的第四轮拜访。

终于，在第四轮拜访第 350 家公司的时候，也就是经过 1885 次的拒绝后，奇迹出现了。这家公司的老板竟破天荒地同意投资开拍史泰龙写的这部电影，并请他担任自己所写剧本中的男主角。这部电影就是之后红遍全世界的《洛奇》，史泰龙名声大噪，一时成为"铁血英雄"的代言人。

毛毛虫必要破茧才能成蝶，凤凰必要浴火方能重生。如果不曾经历国破，李煜不过是历史上又一个被人忘记的无能皇帝；如果不曾经历家亡，曹雪芹也许也只是一个写些行酒令的纨绔子弟。伟大的诗人大多是仕途不得意之人，而正是这些磨难，当同时代的高官贵人都化为尘土被世人所遗忘之后，他们的名字和诗篇依然散发着不朽的光辉。

作为一名建筑师的克斯特，在一次施工事故中不幸失去了双腿，感到十分的委屈和绝望，他甚至想到了自杀。

克斯特的家人为了帮他调整情绪，做了大量的工作。一次，他们所在的城市举办了一个残疾画家的个人画展，克斯特的家人带着他一起去了。

当克斯特在展览厅转了一圈之后，他把目光盯在了大厅一角的一幅水彩画上，看得出，克斯特被这幅画深深打动了。

原来，那幅画画的是一片金色的海滩，海滩上搁浅着一条船，那船看起来十分老旧，但仍然头朝大海，好像随时准备着出航。建筑师发现，在那稍稍倾侧的船体下，只有一小洼清水，根本无法将其送入大海。但是，在画的右侧写着一行非常有力的字："相信吧，潮水会回来！"

他决定让家人陪他去拜访那位老画家。当克斯特终于来到老画家家里时，映入他们眼帘的是，半躺在床上的老画家正用两个枕头垫着后背，在画板上作画。见有客人到来，老画家将画笔放下，然后面带微笑地和大家打着招呼。

在与老画家的交谈中，克斯特坦诚地说："见到您之后，我开始为自己曾经的怯懦感到羞耻。"

几年过后，这位重新振作起来的建筑师——克斯特，成了当地建筑领域的佼佼者。

不可否认，克斯特是不幸的，身体健全的我们根本无法想象失去双腿的人该怎么生活，就像刚出事故时的克斯特一样。不过，幸运的是，克斯特遇到了身患严重残疾但有着超强意志力和乐观精神的老画家，老画家的精神和顽强意志鼓舞了他，让他感受到了力量。

好事多磨。别畏惧、别逃避人生路上的风雨和艰险，因为当你觉得脚下的路走得吃力时，那是因为你在走一条上坡路。

做人如山，山可以包容万物——无论沙石树木，都接纳怀中，以增添自己的高度。人也当如此，只有接受人生中的崎岖坎坷，才能造就生命的高度。

## 2. 只有磨出茧子的手指，才能弹出世间的绝唱

吃得苦中苦，方为人上人。人生的成功总是出自苦难的磨砺。没有磨出茧子的手指，怎能弹出世间的绝唱？没有流过血的脚尖，又怎么能跳出轻盈的《天鹅湖》？

"现代法国小说之父"、世界级著名大文豪奥诺雷·德·巴尔扎克曾说过："苦难对于天才是一块垫脚石，对能干的人是一笔财富，对弱者是一个万丈深渊。"正是如此，伟大的人格无法在平庸中养成，只有历经坎坷、磨难后，视野才会开阔，灵魂才会升华。

巴尔扎克虽为贵族出身，但因他想做一名文学家而不是律师，所以与父

亲关系紧张，结果失去了经济来源，不得不靠四处打零工糊口。在此期间，他还进行着文学创作工作，但是他的付出并没有得到回报，那些作品不断地被退回来。

为了获得独立生活和从事创作的物质保障，巴尔扎克曾先后从事出版业和印刷业，皆告失败，以致负债累累。为了躲避债务。最困难的时候他每天只能吃点儿干面包，喝点儿白开水。

经历了太多社会中混乱的人情世故，遭逢了无数的否定和不幸，巴尔扎克的生活几乎是一团杂草，但是他并没有沉沦于这些痛苦的情绪中，更没有放弃自己写作的愿望，他在手杖上刻了一行字："我将粉碎一切障碍。"他不断地追求和探索知识，对哲学、经济学、历史、自然科学、神学等领域进行了深入研究，积累了极为广博的知识和经验，终成法国现实主义文学成就最高者之一。

巴尔扎克本可以享受锦衣玉食的人生，然而他却选择了另一条路—— 一条虽然通往梦想却充满荆棘的路。他没有因为生活无忧就放弃磨砺自己，正是在这条路上不畏风雨地前行，才有了他最终的成就。

我们从小就被不断教育，遇到困难的时候要坚持，遇到挫折要坚强，但我们似乎一直都缺乏一课：人生顺遂时，还要不要坚持，还要不要坚强？我们很容易在顺境中耽于享受，而放弃了对自己的磨砺和对成功的追求，结果一事无成。中国有句古话叫"富不过三代"，不是祖先积累的财富不够三代人的用度，而是在锦衣玉食的生活中人变得沉沦，变得奢侈，变得挥霍。只有那些在执掌家业之前懂得自我磨砺的人，才能在坐上当家的位置之后将家业推向更高峰。

保罗·高更在 23 岁那年当上了股票经纪人，这份工作带给他丰厚的薪水。而他还娶到一位漂亮的丹麦姑娘为妻。两人常常身着华服一起出席上流社会的种种聚会，可谓锦衣玉食，风光无限。

然而为了成为画家，高更在 35 岁时辞去了令无数人羡慕的高薪工作，甚至在三年之后和家庭断绝了关系，过起了清贫而孤独的生活。

39 岁时，高更踏上了巴拿马和马提尼岛的旅行，在近乎原始的社会中过着物质匮乏的苦涩生活。然而，就是在这样的环境中，高更完成了震惊世界的名画《我们从哪里来？我们是谁？我们到哪里去？》

如果不曾忍受孤独和贫苦，不曾近距离地感受过绝望，过着上流社会奢侈生活的高更所能经历的，大概就是那个年代的文学作品中常常出现的一些无伤大雅的风流韵事。如果那样的话，高更恐怕永远无法完成这样触及生命本质的作品。

自我磨砺，并不一定意味着要放弃自己的物质生活，而是无论在怎样的环境中，都不丧失斗志，都不安于现状。

不曾付出过耕耘就无法品尝到甜美的果实。每个人无论处在顺境还是逆境都该明白，当你的磨砺多一份，你离成功就更近一点儿。

### 3. 所谓门槛，过去是门，过不去便是槛

生活中，我们常常听到类似这样的抱怨："我家庭不富有，怎么可能有机会创业呢？""我学历太低了，怎么可能有高收入呢？""我能力有限，不可能胜任那份工作的！"……我们对于自己人生的平庸，总有太多借口，总能找到一条我们无法跨越的门槛。

然而创业对于出身贫寒的人再难，也依然有寒门弟子白手起家打出一片天下；高收入对于学历低的人再难，也依然有低学历高能力的人获得高新；复杂的工作对于不熟悉它的人再难，也依然有人一边做一边学最终将自己的工作能力提升到新的高度。

世界上没有迈不过的门槛，即使是喜马拉雅山，也有人可以站在山顶征服它。门槛，对于没有足够勇气挑战它、没有足够毅力征服它的人来说，就是一道不可逾越的高墙；而对于有着如山般不屈意志的人来说，它更意味着一道门，通往人生崭新的境界。

人的一生，总会遇到许多道门槛。一些人看门槛太高，便停下了脚步，而那些可以笑傲霜雪的人，却以不屈的意志翻越过去，于是人生的高度就有了差距。

鲤鱼跃龙门很难，甚至几乎是不可能的事，然而对于有足够意志的人来说，所有的不可能都会在努力之后变成可能。

他是一名澳大利亚残疾人，出生时只有可乐罐那么大，而且天生严重残疾，脊椎下部没有发育，医生断言他不可能活过24小时，建议他父亲准备后事，但是他却坚强地活了一周、一个月、一年、十年……17岁时，他不得已地做了腿部的切除手术，成了靠双手行走的"半"个人。

他的人生是充满痛苦和耻辱的，上学时周围不少小孩骂他是"怪物"，更有一些同学恶作剧地在他的课桌周围撒满图钉。有一次，他甚至被一群同班学生绑起来扔进点燃了的垃圾桶，差点儿送命。中学毕业后他决定给自己找个工作，但是看到趴在滑板上的"半个人"时，那些店主都拒绝了他。

这样的人生算是相当坎坷的了，似乎他的生命已经注定是场悲剧。然而，他却勇敢而快乐地生活着，不仅能够自食其力，而且取得了一系列让正常人惊叹的成就：1992~1994年，连续三年夺得澳大利亚残疾人乒乓球赛冠军；2000年，拿到澳大利亚体育机构的奖学金，并在全国健康举重比赛中排名第二；2000年，获得板球、橄榄球二级教练证书、考取了驾照。后来，他先后到过190个国家进行演讲。

他的名字叫约翰·库缇斯，享誉世界的国际残疾人励志大师。


约翰即便是个残疾人，却仍旧敢于向死亡发出挑战；即便从小就受尽歧视，却仍旧没有对人生感到绝望。就算他只能用双手行走，也不能阻止他成为一个运动健将。他曾说过："这个世界充满了伤痛和苦难。有人在烦恼，有人在哭泣。面对命运，任何苦难都必须勇敢面对，如果赢了，就赢了；如果输了，就输了。只要意志如山，世界上就没有跨不过去的门槛，所以永远不要对自己说'不可能'。"

顾城说："黑夜给了我黑色的眼睛，我却用它来寻找光明。"我们难免有寄人篱下的时候，有目标远在天边似乎遥不可及的时候，然而这些都不是放弃的借口。遇到门槛是因为有一扇门在面前打开，你所要做的，就是迈进这扇大门，人生便有了不同的风景。

没有人不知道海伦·凯勒，除了她的文采让人倾倒，她的精神更引导了一代又一代的年轻人！这个坚强的姑娘在不懂事的时候就失去了视觉、语言和听力。因为一场差点儿要了她的命的高烧，她听不见，看不见，也说不了话。

即便她的身体机能是残缺的，但这并不能阻止这个坚强的姑娘活下去，她从不是一个轻言放弃的人。看不见，也听不见，她就用自己的鼻子去闻，用自己的手去触摸，用自己没有失去的能力去感受这个世界。通过她的努力，海伦慢慢地能够自己做一些事情了，比如和面或是挤牛奶。更加让人惊叹的是，她还能通过双手辨别对方，可以通过鼻子准确地找到花园的位置。

她用自己的手摸着家庭老师的嘴唇，感受别人说话时的动作和表情。最终，她凭借着自己异于常人的努力进入了美国哈佛大学的拉德克里夫学院。进入大学后她依旧没有放松，即便没有盲文版的教材，她也不放弃，通过别人在她的手上拼写，她学会了很多很多的知识。

在一个没有声音也没有色彩的寂寞空间当中，海伦以优异的成绩毕业了，她不仅掌握了很多知识，还掌握了很多种语言，成为了一位了不起的作家和教育家。她的《假如给我三天光明》更是感动了无数的读者。

就算她看不见，也听不见，她还是去了很多地方，用自己的力量为盲人学校筹集资金，她将自己的一生都奉献给了教育事业和盲人们。也因此，海伦获得了人们的尊重和赞赏。人们都说海伦是人类的骄傲，也是人们学习的榜样。

当我们的人生遇到"门槛"的时候，何不想想约翰和海伦的例子。我们面对的困难再大，又怎能和他们所面对的困难相比？世界上没有一件事是"绝对不可能"的，就像没有一件事是"绝对可能"的。只要靠着如山的意志，付出不懈的努力，那么，过不去的坎，就会成为终点线，当你冲过去之后，便是无尽的鲜花和掌声。

## 4. 身处逆境，活出生命的精彩

"我走过阳关大道，也走过独木小桥。路旁有深山大泽，也有平坡宜人；有杏花春雨，也有塞北秋风；有山重水复，也有柳暗花明；有迷途知返，也有绝处逢生"。这是季羡林多彩的人生，之所以多彩，是因为它的不完满。所以，季老在《不完满才是人生》中写道："每个人都争取一个完满的人生。然而，自古至今，海内海外，一个百分之百完满的人生是没有的。所以我说，不完满才是人生。"

在生活中，我们一方面总在幻想着更好的出身，期待着更好的家室，渴望着一帆风顺的人生；然而另一方面，我们每天都面对着无法选择、无法改变的坚硬现实——也许是出身的贫寒，也许是身体的疾患，也许是意外的打击。每当我们承受着现实和梦想的反差带来的失落情绪时，我们很容易陷入消沉，一味哀叹命运。

然而有句话说得好，命运负责洗牌，但玩牌的是我们自己。

人生就像牌局，总有拿到好牌的时候，也总有拿到坏牌的时候，但拿到好牌的不一定就能打赢，而拿到坏牌的若牌技出色，也能大获全胜。重要的是不能拿到好牌就面露喜色，拿到坏牌就垂头丧气，而应该无论拿到怎样的牌，处在怎样的境遇，都要带着必胜的信心，以笑傲冰雪的意志化逆境为顺境，开创出自己的精彩。

背水一战的故事是我国历史上逆境取胜的经典战役：

韩信率数万新招募的汉军攻打赵国。赵国见状，集结了 20 万大军准备迎战，形式对韩信十分不利。

知道消息后，韩信派出了 2000 名轻骑兵，这些骑兵都带着汉军的军旗，他们趁着夜色埋伏在了赵军的后方，而韩信则带着大军布下了阵势。

天亮后，韩信竖起大将的旗帜诱敌，赵军见此情形全军蜂拥而出，要生擒韩信。韩信假装抛旗弃鼓，逃回河边的阵地。赵军一路追到汉军的阵地，而汉军退到河边，因为无路可退，便只有奋勇争先以杀出一条活路，于是个个以一当百，和赵军 20 万大军厮杀半日而不落下风。赵军见无法获胜，便想退回营地，却发现自己的大营早插满了汉军旗帜。赵军人心涣散，人人自危。韩信趁势反击，就这样，他以数万新兵背水一战，击败了赵军 20 万大军，并俘虏了赵王。

当韩信对阵赵军时，他手里的牌不过是数万新招募的汉军，而对方集结了 20 万大军——在这个时候，双方手中牌的好坏高下立判。然而，虽然手中的牌十分有限，韩信却以自己的智慧和谋略将这有限的资源发挥了最大的作用，将对方打得惨败，在历史上留下了让后人津津乐道的典故。

一座 15 世纪的老教堂的废墟上留有这样一行字："事情既然如此，就不会另有他样。对必然之事，且轻快地加以承受。"语句虽然简短，但是道理却很深刻——我们在有生之年里，难免会遇到不如意之事、无能为力之事，对此我们无法选择，也无可逃避。如果我们不想怨天尤人，郁郁而终，那么就只有定下心来，接受现状，并以此为基础，用自己的智慧和意志来超脱现状。

没人希望拿到糟糕的牌，可是天有不测风云，当不幸降临的时候，我们无法逃避，我们所能做的就是以如山的意志笑对不幸，用有限的牌打出无限的精彩。

欧利·布尔是一名优秀的小提琴演奏家，有一次他在巴黎举办了音乐会，当时他非常投入，但是让人想不到的是，在他演奏的时候，小提琴上面的 A 弦突然断了！

面对突如其来的意外，周围的人异常紧张，他们不知道欧利·布尔该如何"收场"。如果处理得不好，就可能影响到整场音乐会，甚至影响到欧利·布尔日后的音乐生涯。就在"知情人"焦虑和观望的时候，欧利·布尔却丝毫没有在意那根断了的 A 弦，他从容不迫地继续演奏了下去。

当欧利·布尔演奏完毕后，整个音乐厅回响着热烈的掌声。后来，有记者采访欧利·布尔时问及此事，欧利·布尔淡淡一笑，回答道："要不然怎样呢？难道我就不继续演奏了？这就是生活，如果你的 A 弦断了，就用其他三根弦把曲子演奏完。"

A 弦断了，这对任何小提琴手来说都是一件糟糕的事。试想，如果欧利·布尔沮丧并自暴自弃地说"完了，我真倒霉，这可怎么拉下去啊"，那么他就真的完了，不仅会影响到音乐会的效果和自己的前程，而且还会陷入抱怨和诅咒命运的怪圈，自卑自怜地度过一生，成为一个懦夫和失败者。正是因为有面对困难淡然处之的意志，他才能成就自己。

拿到好牌时，笑是一种本能；拿到烂牌时，欢笑则是一种意志。在黑夜中寻找光明，需要具有"采菊东篱下，悠然见南山"的闲适。这是一种心胸之宽广，是一种力量之强大，更是一种如山般笑傲霜雪、不为境转的意志。身处黑夜，保持不灭的信心，不可急躁，多做一番思考，光明终究有一日会到来!

## 5. 冬天来了，春天还会远吗

地球由东向西自转，于是有了一天的昼和夜。地球围绕太阳公转，于是有了一年的春夏秋冬。昼夜交替，四季轮转，这本是自然运转的规律，问题是很多人身处黑夜或寒冬时，就如热锅上的蚂蚁，失去理智，不能判断方向，手忙脚乱，结果常常无功而返。

雪莱在诗中写道："冬天来了，春天还会远吗?"

人生有高潮也会有低谷，当我们发现自己处在人生最黑暗的夜晚、最严寒的冬天时，不要惊慌。最深的黑暗总出现在黎明之前，而最寒冷的冬天过去，春天就会到来。因此不要灰心，更不要绝望。人要懂得屈伸，当身处困境之时，以最大的意志力挺住。这个世界上没有永无止境的黑暗，也没有等不来春天的冬天。

做人要有如山的意志，当我们面对人生的寒冬时，定下心神，不要消极绝望，也不要乱打乱撞，而是暂且蛰伏，并在蛰伏中等待和寻找云开日出的时机。只有这样，才能不被人生的困境打败，否则，便是一辈子的输家。

德国人洛克生活得非常惬意，他之所以能够这样，是因为他即便遇到了烦心事也能从容地面对。即便如此，命运也没有特赦他，在第一次世界大战席卷欧洲的时候，他遇到了各种各样的烦恼。首先，他创办的商业学校遇到了生源危机，大部分的男性都上了战场，就连他自己的儿子也没能幸免；在这个时候他的女儿即将升入大学，这意味着他要准备大笔的学费；而他的家乡因为面临着建工厂，他被告知他的土地和房产将被无偿征收……

"面临这么多糟糕的事情，我该怎么办呢？我毫无头绪……"洛克整天食不能安，夜不能寐，就连坐在办公室时他都在为这些事烦恼。几天后，洛克的精神越来越不好，后来他因急火攻心住院了。

一年后，事实证明，洛克忧虑至病是不值得的。因为，他担心他的商业学校无法办下去，但是政府却拨款训练退役军人，他的学校很快便招满了学生；他的儿子毫发无损地回来了；在女儿将入大学之前，他找到了一份兼职工作，帮助女儿筹足了学费；他的住房附近发现了油田，他的房子也不再被征收……

有句话说得好："当你再没有什么可以失去的时候，就是你开始得到的时候。"就像人在野外赶路，眼见黄昏将至，便会担心天黑，害怕不能在天黑前赶到。而当真正走在夜路中时，反而少了这一层恐惧，只是一边小心脚下，一边安心等待日出。

可见，身处黑夜并不可怕，可怕的是因为黑暗的侵袭而放弃希望。当一个人的心完全被黑夜占据，即使艳阳高照，他的心仍然是冰冷的。一个人心中没有了希望，也就没有了斗志，他就会被彻底地击败。

摩诃是某小镇上的一个农民，前段时间他看上了一片农场，但是当他花尽积蓄真正买下那片农场后，才发现自己上当了。因为那块地既不能够种植庄稼和水果，也不能够养殖牛羊，能够在那片土地上生长的只有响尾蛇。

　　面对这样的事情，很多人都替摩诃惋惜，不过摩诃没有气急败坏，因为他知道生气也没有用，不如想想办法，把那些"坏东西"变成一种资产！很快，他就发现一条好的出路，所有的人都认为他的想法不可思议，因为他要把响尾蛇做成罐头。之后，装着响尾蛇肉的罐头被送到全世界各地的顾客手里，他还将蛇毒运送到各大药厂去做药，而响尾蛇皮则以很高的价钱卖出去做鞋子和皮包，总之响尾蛇身上的所有东西一下子在他手上成了不可多得的宝贝。

　　摩诃的生意做得越来越大，这让很多人对他刮目相看，摩诃成了当地的名人，也成了当地人们争相学习的楷模。


　　花尽积蓄买下一块不能够种植庄稼，也不能够养殖家畜的农场，摩诃的人生仿佛一下掉入了冬天。值得庆幸的是，摩诃并没有就此放弃希望，也没有一味地生气抱怨，而是以乐观的精神和意志战胜了困难，并最终等来了自己的春天。

　　人生在世，没有人能够心想事成，一帆风顺。有春天的和煦便免不了经历冬天的严酷。冬天到来时，记得告诉自己，春天就在不远处。因此，不要绝望，不要放弃。以如山的意志来渡过难关，人生将迎来一个崭新的春天。

## 6. 有股子牛劲，才能拉动重车

鲤鱼跳龙门的故事，我们每个人自小都耳熟能详。然而这个故事背后蕴藏的精神，却不是每个人都可以轻易践行得了的。

每个人都渴望成功，每个人都渴望成为人中龙凤，若想要达到目标，就要付出几倍的努力。而在跃"龙门"的过程中，都会经历重重阻碍，都难免遇到困难挫折。人生遇到瓶颈时，只有凭着不服输不放弃的韧劲才能更上一层楼，如果缺乏了这股韧劲，就只能止步于困难之前，一事无成。

我们的生活常常面对各种挑战——不熟悉的工作，压力极大的任务，这些很容易让我们产生焦虑和疲倦感。但有句话说得好："人生就像拔萝卜，当这次你觉得特别吃力时，也许是因为这次的收获特别大。"所以，面对压力时别轻易放弃，要有股子牛劲，不屈不挠，直把南墙撞倒，才能收获全新的天地。

有一个年轻人，出身贫寒。19岁时，他决定去外面的世界看一看。但闯荡一年后，他毫无收获，一事无成。机缘巧合之下，他认识了一个名叫荷顿的人，两个人合伙开了一家布店，生意还不错。

不久后，他与荷顿的妹妹相爱，两个人不顾荷顿的反对而结婚了。婚后不久，他决定自立门户，改变荷顿对自己的看法，一定要做出点儿成就来证明自己不是一事无成的人。

他瞄准了当时的热门商品——服装。于是，他开了一家布店，但最后还是以关门告终。失意的他加入了淘金的大部队，去外地寻找发财的机会。但不尽如人意，他非但没有淘到金，还差点儿送了命。

他在淘金时，发现一种平底锅很好卖，他就大量购进，并以低价格出售。淘金者们蜂拥而至，他终于赚到了一笔钱。

一年后，他回到原来的城市，继续开布店。这次，他用了很多营销手段：做广告，按季节推出新式热门货，增加商品种类等。但天意弄人，他还是失败了，全部家当都赔了进去。

就在他茫然无助的时候，一直看不起他的荷顿主动找上门来，要和他合伙做生意。他很惊讶，荷顿说："我以前认为你没有本事，但我没想到你这么输得起，失败过这么多次，还是如此有毅力，在商场折腾这么多年。根据我的经验，一个输得起的人，一定会成功。这就是我希望与你合作的原因。资金由我来出，你只要出力就行。"

听到这番话，他豁然开朗，再次恢复了自信。他说，想到大城市去做大生意，办一家最大最好的商店。荷顿欣然同意。不久，他们的第一家百货商店开业了。十年之后，他们的百货公司几乎占了半条街，这就是世界上最大的百货公司之一——梅西百货公司，而这个输得起的年轻人就是梅西。

在做生意上，梅西失败了无数次才有了最后的成功。如果他不是以如山般坚韧不拔的意志力挺过一次次的失败，以即使撞了南墙也一定要把墙撞穿的勇气坚持，那么他就不过是一个尝试过创业却以失败告终的无名小辈。

生活中我们常常听到有人说："我试过了。"但是是否尝试过就足够了？远远不是。如果梅西在卖衣服失败后就说"我已经尝试过了"，而不再继续努力，如果他在淘金失败后就说"我尝试过不止一次了"而放弃希望，如果他在开布店失败后就说"我已尽了最大努力"，那么梅西百货公司的神话永远不会成真。

人生追求成功的过程就像打井，有的人打了 99 口井还没有发现泉水，就放弃了，那么之前所有的努力也就功亏一篑。而有的人则以不懈的努力坚持下去，也只有这样，才能最终获得人生的甘泉。

在民间有一个流传了千年的故事。有两个老实的渔民，一个叫阿呆，一个叫阿土，两个人同样做着一朝成为百万富翁的梦。

有一天晚上，阿呆做了一个奇怪的梦，梦见在小渔村对面的荒岛上有一个寺庙，庙里面种着七七四十九棵株模，其中一棵开着鲜艳红花的株模下埋着满满一坛黄金。

阿呆第二天就划着小船去了对岸的荒岛。果然在岛上找到了一座寺庙，也见到了那 49 棵株模，阿呆满心欢喜。眼看现在已经是秋天，就只有等来年春天株模开花的时候了，于是阿呆就住了下来。

谁知道，春风一吹，株模开花，花朵是清一色的淡黄色，没有一株是红色的。阿呆问庙里的僧人，僧人们都告诉他从来没有一棵株模开过红色的花。阿呆长吁短叹着离开了小岛，白白浪费了半年的等待光阴。

阿呆回去后，跟村里的人说了这件事。阿土觉得那棵红色的花一定是存在的，于是也驾船出海了。等阿土到小岛上时也是秋天，遂住了下来。庙里的僧人告诉他不用等了，没有一棵株模是开红花的，阿土并不以为然，还是愿意坚持等待看看。

十几个春天过去了，又一个春天到来了，在淡黄色的株模花中，有一棵骄傲地吐出了红艳艳的生命。阿土高兴极了，沿着那棵株模向下挖，果然挖到了黄金，从此他变成了小渔村里最富有的人。

阿土的耐心等待等出了奇迹，而阿呆则忘了把自己的梦想带入以后的春天，于是两个人的命运被改写了。

成功不是喊一句"芝麻开门"就能出现在你面前的，而是需要以顽强的意志力和永不屈服的牛劲来一点点推开这扇沉重的大门。遇到难题时，别退缩和放弃，因为当你以最大的努力最终推开这扇沉重的大门时，你会看到门后面珍贵的人生宝藏。

## 7. 跌倒了就爬起来，做个硬骨头

俄国著名诗人普希金在其诗歌中写过这样一句话："假如生活欺骗了你，不要悲伤，不要心急，忧郁的日子里需要镇静，相信吧，快乐的日子将会来临。" 无独有偶，有位哲人也曾说过："桂冠上的飘带，不只是用天才的纤维捻制而成的，而是需要用痛苦、磨难的丝缕纺织出来的。"

通过这两段话我们可以体会到，生活中处处充满着艰难险阻，磨难随时都有可能来到我们面前，我们要拥有一颗乐观的心，用微笑来面对它。

在人生的漫漫长路上，谁都有磕绊跌跤的时候，但跌倒之后要懂得爬起来，前方的风景依然美丽，远方的呼唤依然迷人；如果一跌倒就失去勇气，那么就只能永远躺在原地回味跌倒的痛苦，一辈子自怨自艾。

泰戈尔说："是我们自己看错了生活，却说它欺骗了我们。"很多时候，当我们觉得自己被生活所欺骗时，保持一颗洒脱平和的平常心，适应环境，就能在困境中谋得发展。

上天眷顾的人只是少数，而我们只是那大多数中的一部分。既然这样，我们何必对那些不公平的人或事耿耿于怀呢？正确的方法是温和宽容、平心静气，以忍灭嗔，不被不公平所牵绊，思考如何更好地适应生活，创造公平。

小李大学毕业后被分配到基层，对此，小李一直愤愤不平，觉得自己受了莫大的委屈，为此，他选择了消极怠工来抗议。小李每天迟到早退，工作也拖拖拉拉，即使完成，也总是粗心大意漏洞百出。领导若提出批评，小李就没好气地说："反正就是这小地方的这点儿工作，出点儿错又能怎么样。"

而和小李一起被分派来的小王，虽然初来基层也很失落，但他很快调整好了心情，认真对待基层的琐碎工作，在把自己每天的任务做好之余，还主动承担一些额外的份额。小李常常劝小王说："你何必那么用心，在这小地方你做得再好也没什么发展空间。"对此，小王笑笑，从不放在心上。

后来他们工作的单位分到了晋升指标，小王毫无争议地拿到了一个，而小李却与之无缘，只能继续困在他所厌恶的基层工作中。

每个人都在经历着各种各样的无奈，遭遇生活的不公平时，很多人无法适应，怨天尤人，整天活在忧郁之中，这或许能解一时之气，但我们却会被生活击垮，更别提获得安然的生活。而唯一能超越这些无奈的，就是以坚韧的意志力挺过去，别因为一次的摔倒就再也不肯爬起来，如果这样，只能错过人生更多的机遇。

一个出身贫寒的单亲家庭的黑人男孩，他家靠救济金度日，从他懂事时起，他就开始靠捡垃圾、卖废品挣些小钱贴补家用。

七岁那年，有一次老师让同学们为"社区基金"捐款。小男孩虽然贫穷，却很善良，于是，他带着自己捡垃圾挣的三元钱排在队伍里，等着老师叫到他的名字，好让他可以自豪地把靠自己的劳动挣来的钱放进捐款箱。

然而那一天老师没有念到他的名字。捐款结束时，他走上前询问老师为什么没有叫到他时，老师却板起脸来厉声回答："我们这次募捐正是为了帮助你和像你这样的穷人。如果你爸爸出得起你五元钱的课外活动费，你就不需要领救济金了，那么我们也许就不需要办这次捐款了。"

小男孩含着眼泪冲出了学校。他把手中的三元钱贴在卧室的墙上，作为受到屈辱的提醒，从此以后，他拼命学习和工作，每当感觉疲倦想要松懈的时候就看看这三元钱。

后来，他成为了美国著名的电视节目主持人——他就是狄克·格里戈。

谈起七岁时的这段往事，他感慨地说："当我被轻视的时候，我曾在一瞬间觉得我的人生就此倒下，再也站不起来了。但是我挺过来了，只要能站起来，人就总能前行。只要不放弃前行，人就总能成功。"


来自老师的轻视，让年幼的格里戈第一次尝到了狠狠摔倒的滋味，然而他并没有躺在地上软成一摊烂泥，而是以坚韧不拔的意志和不懈的努力最终证明了自己。

有这样一种人——他们早已知道，人生的路上没有绝对的坦途，人人都有摔跤的时候。因此，当他们跌倒的时候，他们不会愤怒，不会抱怨，也不会惊慌失措，而是把它当作人生必修之课去应对，必做之题去演算。挫折对他们来说不过是一块口香糖，嚼过之后，就潇洒地吐掉。

唯有能从摔倒的地方站起，才有机会去改变自己的处境。当生活欺骗了你，相信吧，快乐的日子总会来临。而在这样的日子来临之前，保持一份如山的坚定意志，只有这样，当机遇到来时，你才能抓得住它。

## 8. 厚积薄发，一鸣惊人

每个人都想一鸣惊人，一飞冲天。然而若没有长期的积累，又怎能有瞬间的爆发？

我们总是羡慕那些光鲜亮丽的人生，羡慕那些似乎可以轻易获得众人的眼光和称赞的人。然而俗话说"台上三分钟，台下十年功"，如果不是人后做了长足的准备，又怎能有人前的辉煌？

我们常常感叹自己怀才不遇，不能如别人那样一鸣惊人，只能坐在冷板凳上受人忽略，甚至冷眼。

那些我们所羡慕的所谓"一鸣惊人"的人，谁不曾熬过漫长灰暗的坐冷板凳的日子？谁不是在长期积累、寒窗十年之后才逐步积累到了今日的成就？成功最重要的，是永远坚持我们的追求和梦想，不要因为无人赏识就放弃了自己的所长，才华需要时间来发现。

阿诺德·施瓦辛格是家喻户晓的人物，他的知名度并不局限于电影方面，可以说他的才华才是人们崇拜他的真正原因。他的身份除了是好莱坞炙手可热的一线演员外，还是一名影响广泛的活动家，一个政治家，一个商人！

有人说他的成功是命中注定的，也有人说他的成功是偶然的，无论怎样，他的才华是无法否认的。但即便他非常优秀，他还是经过了多年的努力才获得了一切！他出生在奥地利一个非常普通的家庭当中，少年时期的他对健美非常着迷，即便身边的人嘲笑他，但是他仍旧坚持，他坚信自己的坚持是有意义的。

后来，他正是凭借着自己健美的身材获得了出演电影的机会。然而，当时有很多演员看不起他，认为他除了一身肌肉之外没有任何优点可言，但是施瓦辛格仍然不放弃，他将全部的精力投入到了表演当中，最终，他凭借出色的外形和过人的演技演绎了一个又一个个性鲜明的硬汉人物。

施瓦辛格稳步前进，后来他经营酒店，涉足政界，竞选州长……直到今天，再没有人质疑他的才华，他的光芒已经无法遮掩了。


如果施瓦辛格因为周围的冷落、嘲笑就放弃前进，那么他最终只不过是个平庸之人。

对于绝大多数人来说，"冷板凳"是追求事业的一个必经过程，就像那些世界著名的足球运动员——无论贝利、马拉多纳还是罗纳尔多，谁不是先从替补开始，一步步打上主力，甚至成为球队灵魂的呢？不要急着一鸣惊人，不要因为一开始的不被重视就心灰意冷，只要你有真才实学，就一定会有一鸣惊人的机会。

而在这机遇到来之前，最重要的，就是保持如山般的坚定意志，不要动摇，不要放弃，不要被一时的境遇所击倒。坚持自己所做的，所追求的，只要有足够的意志力坚持下去，就一定能守得云开见月明。


古希腊哲学家苏格拉底曾经给他的学生出过一道题。

他对学生们说："今天我们只学习一件简单的事，那就是把你们的胳膊尽量往前甩，再尽量往后甩。"在做过一次示范后，他接着说："就这么简单，但是从今天开始，你们每天都要做300次。"

一个月后，苏格拉底问："还有谁在坚持做？"这时百分之九十的学生都骄傲地举手。又过了一个月，苏格拉底再问："还有谁在坚持？"这时只有百分之七十的学生举了手。过了一年之后，苏格拉底再次问起同样的问题时，所有的学生中只有一个人举起了手。而举手的这个学生，就是后来成为古希腊大哲学家的柏拉图。

"坚持"是解决世界上一切难题的钥匙，却也是最难做到的事。只有那些意志力坚定的人，才能带着永不放弃的决心一路走到成功。人要有山的意志和如水的韧劲，只有这样，才能不被困难拖垮，不被时间所消磨。

不要害怕坐冷板凳的时光，因为在这段时间里，你能积累更多的经验，做更多更充分的准备，让你在机遇到来之时鸣声更响，飞得更高。

以山一般的沉稳意志和不屈精神来面对坐冷板凳的时光吧，用你的耐心和努力将冷板凳焐热。

要知道，只要是金子，总会发光的。

## 9. 浮云焉可常蔽日？黄沙吹尽始得金

人总有被成功考验的时候，然而浮云焉可常蔽日？当我们以坚强的意志力通过考验之后，便是云开日出之时。

在漫漫的人生旅途中，谁都难免陷入各种危机中。其中，有不少人因失意而抱怨，因无奈而退缩，郁郁寡欢；但也有不少人在逆境中不放弃，化危为机，自谋生路，演绎了"祸兮，福之所倚"的人生哲理。

一位农夫牵着一头驴赶路，匆忙中驴不幸掉入一口枯井中。农夫在井口急得团团转，费尽心思想救出驴，但折腾了大半天都无济于事。最后，农夫想驴一生辛勤劳作，既然无法相救，那就填了枯井，让它早点儿安息。

农夫把邻居请来填井，大家抓起铁锹，开始往井里填土……

驴子很快就意识到发生了什么事，起初，它只是在井里恐慌、痛苦地哀号着。不一会儿，令大家都很不解的是，它居然安静下来。几锹土过后，农夫终于忍不住朝井下看，眼前的情景让他惊呆了：每一铲砸到驴子背上的泥土，它都做了出人意料的处理——迅速地抖落下来，然后再站上去。

农夫高兴极了，加快了往井里填土的速度。就这样，驴子不断抖落掉到身上的泥土，竟把自己升到了井口。它纵身跳了出来，得以生还，然后在众人惊讶不已的表情中得意地跑开了！


世界上没有不能想办法爬出的枯井，没有不会被风吹散的浮云。重要的是别丧失意志力，一旦放弃了，事情就真的无望了。

古往今来，多少人有着伟大的理想，多少人在为理想而奋斗，但是，只有少数人能够功成名就、永留史册，是他们比别人幸运吗？不是，而是他们在坎坷面前不甘沉沦，没有退缩，他们相信"浮云焉可常蔽日？黄沙吹尽始得金"，始终以如山的意志和抱着锲而不舍、坚持不懈的进取精神坚持到底。

"困难像弹簧，看你强不强。你强它就弱，你弱它就强。"这是至理名言。我们要想成为生活的强者，在面对生活中的困境时，就要学会勇敢积极地面对。哪怕是陷入充满泥沙的枯井里，哪怕泥沙要埋藏我们，我们也要学会将撒落在身上的泥沙抖落掉，而不是在枯井里团团打转。

意志力，是一把凝聚了一个人全部智慧和力量的利剑。拥有了这把利剑，你也就拥有了挑战和征服命运的勇气，拥有了一个乐观安适的心态，也就能将自己的聪明才智发挥得淋漓尽致，也就有机会创造生命的卓越和伟大。

第五章 ／ 如山的担当：
勇于挑战，无惧艰险

　　如山坚定，勇于担当。机会永远和责任同在，当你站在什么样的
位置，就应当承担什么样的义务和责任。别为自己所犯的错误找借
口，逃避责任不仅与成功无缘，也是品质上的污点。做人，请像高山
那样顶天立地，无惧风、雨、雷、电，都勇敢承担。

## 1. 上帝给我们一副肩膀，就是为了担起责任

　　一个人的能力，往往和他所承担的责任成正比。而这两者又是相互促进
的：责任愈大，便愈能在种种磨炼中提高能力；而能力愈提高，便愈能承担
责任。生活之中的成功者，无一不是从担当责任起步，首先承担养活自己、
经济独立的责任，而后承担照顾他人的责任，就这样，能力随责任一起发展
壮大，最终足以承担一个公司甚至一方人民的责任。

　　孙悟空最初的能力不过是占山为王，在花果山吃些鲜桃而已；而当他承
担起护送唐僧西天取经的任务之后，他便在责任的历练下，一步步成为神通
广大令妖怪闻风丧胆的孙行者。而正是这样的责任和担当，让他在历经九九

八十一难之后终于修成正果。


　　在森林的一角，科学家将母豹子和它的小豹子一起关在巨大的铁丝网里。试验一开始，科学家们先把母豹子放了出去，仍然囚禁着小豹子。此后一个月里，母豹子时常在铁丝网的外围徘徊，它越来越瘦，精神委顿，有气无力。

　　接着的下一步，按试验的原计划应该把小豹子也放出去。然而有不少人开始主张不要放走小豹子，因为母豹子的状态看起来很不好，恐怕活不了几天了，小豹子交给它后肯定也活不了。但有一位科学家坚持放走小豹子，他认为小豹子恰恰是拯救母豹子的"天使"。小豹子被放到铁丝网外了，它跟着母亲走进了森林深处。

　　一段时间里，科学家们再也没有看到母豹子和小豹子，很多人以为它们已经一命呜呼了。正在大家失望之际，母豹子和小豹子出现了。人们发现小豹子长大了不少，毛色油亮，母豹子也恢复了健壮。

　　原来，母豹子一开始以为小豹子会被一直关在铁丝网里，自己活着没有动力。小豹子被放出来后，它承担起了哺育小豹子的责任，便一下子打起了精神，积极地捕猎食物，所以身体素质也变好了。


　　正是因为承担起了作为母亲的责任，母豹子才从死亡的边缘走了回来。人也是如此，人的能力来自于责任感。对责任的承担可以唤醒我们潜在的力量。上帝给了我们一副肩膀，便是要我们勇敢承担自己的责任，不做人生路上的逃兵。

　　自古以来，人们总是对英雄崇敬有加。很多英雄，并不具有超人的能力，或是过人的智慧，但他们都有在关键时刻挺身而出的责任感，正是这份责任感，使得他们可以救人于危难，使得他们从平凡生活中脱颖而出，成为现实生活中的英雄。

责任如山，人需要有如山的担当，凡事不躲不避，更不要怀有"事不关己，高高挂起"的心态，凡事应尽自己的一份力，拿出自己的本事。这样既能救他人于困境之中，也能锻炼自己的能力，使自己在人生的道路上达到更高的高度。

## 2. 承担责任很痛苦，但放弃努力是懦夫

常言道"疾风知劲草"，"烈火炼真金"。

在关键时刻最能体现一个人的能力。责任和担当，空口说说固然简单，然而真要在疾风中做一根不折不弯的劲草，在烈火中做不屈不软的真金，却是充满痛苦考验的事。动画版《西游记》的片尾曲唱得好："西天取经不容易，容易干不成大业绩。"如果师徒四人不去承担这艰辛坎坷、充满苦难的取经重任，那么他们永远成不了佛，只能是碌碌无为、屈服于困难的懦夫。

承担是痛苦的，但不承担春的播种、夏的浇灌之中的辛苦，又怎能享受秋的收获？不承担创业时重重阻碍的艰辛，又怎能得来成功后的繁花？不承担十年寒窗、囊萤映雪之苦，又怎能指望金榜题名状元及第？

放弃永远是最容易的选择。药太苦，便放弃治疗，结果只能是病入膏肓；读书太苦，便贪玩儿偷懒，结果只能是学无所成；工作太苦，便放弃拼搏，结果只能是一事无成。

很多事情看起来难，似乎超出了自己的能力，但真正以如山的担当接纳

下来，开始着手处理之后，才发现自己远比自己想象的更强。成功不是靠所谓的"天赋"得来的，而是在你一次次地承担之后，在你一次次放手去做之后，才一点点地靠近。

承担是艰难而痛苦的，它包含着对困境的永不屈服，对责任的毫不逃避，对他人的感同身受，对希望的永不放弃。好事到来时，人们受利益驱使，自然人人争先，然而当责任降临时，唯有勇于承担、毫不退缩之人，才能借机最大限度发挥出自己的能力。

一天早晨，美国某州一座停车场的调车场线路因为偶发事故陷于一片混乱中。普通电信技工卡尔一大早来上班，发现车场如此混乱，急得如热锅上的蚂蚁，因为此时他的上司还没有到来，没有经过上司的批准下令，他是不能擅自处理问题的。可是车场的线路已经乱作了一团，如果再不及时处理，将会引发更大的麻烦。该怎么办？如果卡尔不顾规定，胆敢私自处理，很有可能等待他的结果就是卷铺盖走人，甚至还可能被判刑入狱。

其实当时在场的电信工不止他一个，他完全可以对这个问题置之不理，等上司到来后再听令行事，没必要自找麻烦。可是卡尔并非平凡之辈，他没有选择做旁观者，而是大胆冒名顶替上司在文件上签了字，下达了处理命令。

当他的上司来到办公室时，问题已经得到了解决，就像从没有发生过一样。上司知道卡尔的行为后，对他大加赞赏，并把他的此举报告给了公司总部。总裁知道后，立即就把他调到了总公司，连升数级委以重任。从此，卡尔的职业发展一路扶摇直上。

面对责任和麻烦，大多数人都唯恐避之不及。而这样的时候，卡尔勇于担当的可贵品质便显露出来。正是这样的精神，使得他为上司解决了困难，也为自己的事业迎来了转机。

很多时候，人们之所以不敢在关键时刻表现自己，并不是因为能力不足，而是出于一种担心或自卑，担心"枪打出头鸟"，或是没有足够的自信去挺身而出。但是，若因此一味地缩头缩尾，也只能一辈子庸庸碌碌而已。人生中改变命运的机会也不过就那么几次，在这样的关键时候，若能勇于担当，勇敢地顶上去，就能一鸣惊人；若不能，也许即便是穷尽一生精力，也难得到发展。

有句话说"责任重于泰山"，不逃避，不动摇，不放弃，只有这样的人才能迎来辉煌的人生。

## 3. 机遇与责任同在，失败与懦弱共存

机遇不是凭空出现的，它总伴随着对"勇于承担"这一品质的需求。每个人的一生中都有足以改变命运的时刻，只是在这样的时刻到来时，有人选择了承担，有人选择了逃避。于是，前者成为了机遇中翻身的成功者，后者只能是在懦弱中叹息的失败者。

责任不只是负担，更是机遇；放弃不只是轻松，更可能是悔恨。若为避一时的负担，图一时的轻松，却错过了一生的机遇，落得一生的悔恨，未免太得不偿失。

弗兰克·贝特是世界最杰出的销售大师之一，他的童年充满磨难。在他很小的时候，父亲去世了，为减轻母亲负担，他没念完中学就辍学了。

后来，他成了一名职业棒球手。刚进入职业棒球界，贝特遭到了有生以来最大的一次打击——他被开除了，原因是他打球无精打采。他的老板这样对他说："弗兰克，离开后，无论去哪儿，都要振作，不论生活经历什么，工作中都要有生气和热情。"这对弗兰克是一个重要的忠告，虽然代价惨重，但来得不算太迟。当弗兰克·贝特进入纽黑文队后，他决心要做一个有激情的球员。

从此，弗兰克·贝特在球场上就像一名充足电力的勇士，他掷球快速有力，几乎要震落接球同伴的手套。为了赢得至关重要的一分，弗兰克·贝特会在球场上竭尽全力奔跑。第二天的报纸上这样刊登关于贝特的消息："这个新手充满激情，并感染了我们的小伙子们，他们不但赢得了比赛，而且看来情绪比任何时候都要好！"报纸还给他起了个绰号，叫"锐气"，称弗兰克·贝特成了队里的"灵魂"。他的月薪也从25美元涨到185美元。

退出职业棒球队后，弗兰克·贝特尝试做保险推销。十个月令人沮丧的推销之后，弗兰克·贝特被一语惊醒："贝特，你毫无生气的语言又怎么能使大家对你感兴趣呢？"

贝特恍然大悟，决定用自己在纽黑文队打球的激情投入到工作中来。又是一次转变，弗兰克·贝特真正将激情融入推销中，最终成为闻名世界的销售大师。


生活中常常有这样的人，因为工作或生活某方面的不得意，便浑浑噩噩地混日子，得过且过，自然不能抓住机遇，改变自己的命运。那些懂得承担的人知道现在的生活无论好坏都要敞开心胸承担下来，不能因为不得意就逃避自己所要面对的责任，才能超脱于一时的困境，开创出崭新的局面。

美好的生活需要不断地承担，不断地奋斗，只有在承担和奋斗之中，机遇才不会被错失。而懦弱地屈服于现实，拒绝为机遇承担责任的人，只能成为一辈子的失败者。

现实是一面镜子，你表现出什么，它便映照出什么。当你的双肩时刻准备好承担责任、迎接挑战的时候，你的生活自然会迸发出绚烂的光彩，无穷的力量；而当你懦弱无力，只求混口饭吃时，你的生活也只能是晦涩而潦倒的。

张琪出生在农村，从小学习非常刻苦，终于考上北京一所名牌大学。张琪毕业后，进入了一家大企业工作，但是职位非常低。

一年过去了，张琪虽然表现出色，但业务水平并没有多大起色，薪水原地踏步。其实张琪发现公司在某些方面存在问题，正是这些问题影响公司发展，他很想给上司提出建议，但限于环境影响，朋友大多劝说他不要做出头鸟，张琪最终放弃了这个想法。

接下来的日子，张琪依旧努力工作，倒也顺利。不久，他发现和自己一起进公司的一位同事突然被破格提拔，他感到奇怪，后来才明白，原来那位同事向领导提出了公司的问题和改进建议，而内容和自己所想几乎一样。本该属于自己的机会被拱手让给别人，张琪感到非常后悔。

懦弱是失败的别名，而担当才是成功的前奏。机遇是留给那些准备好承担机遇的人的，而留给懦弱者的，只能是无尽的叹息和悔恨。

做人如山，便要有如山般宽厚的肩膀，承担得起天地风雨，才能有"会当凌绝顶，一览众山小"的人生高度。

## 4. 自己的错永远不要推给别人

人人都想过一帆风顺、万事如意的日子，可是人生中难免有风浪。每当生活中出现了失误或者事情进展不顺利的时候，很多人出于一种"自我保护"意识，往往第一反应就是下意识地把过错归咎于环境和别人，很少从自己身上找原因，结果落得怨天尤人，意气消沉，或是对他人心怀怨念，或是一味抱怨命运不公。

可是反躬自省，哪一次的不顺又少得了自己的错误？当我们指责别人对我们不够忠诚时，我们是否先反思过是不是自己用错了人？当我们指责别人给我们难堪时，我们是否先反思过是不是自己有错在先？当我们抱怨命运不公，把好处留给别人把困难留给我们时，我们是否先反思过自己有没有和别人一样的能力，付出过一样的努力？

是我们的暴戾使我们总从他人眼中看出敌意；是我们的防范之心使我们总从他人的话语中听出言外之意；是我们的浮躁焦虑，才使得我们面对生活时焦头烂额、一团乱麻，面对世界只觉得肮脏乏味，却看不到充满赤子之心的孩子在同样的这个世界上，如何欣喜若狂，陶醉其中。

我们常常指责他人的生活方式，却很少反观自己的评价标准；我们常常抱怨别人的不够宽容，却很少反省自己是否足够谦和；我们常常诉苦遭人误会、被人苛待，却很少自省自己是否努力进行了沟通。我们带着有色的眼镜去看别人，却埋怨别人心思不够洁净纯白。

所以，当生活中出现某些不愉快的问题时，不要第一时间冲动地指责或抱怨别人，先让自己安静下来，多从自己身上找找原因，或许能更快地找到问题的根源。

有一天孟子看到妻子独自在屋子里的时候双腿叉开蹲在地上，这让他感到非常气愤，就和母亲说："这个女人没有女子应有的礼仪，我要休了她！"

孟母不解，问儿子原因，孟子将刚刚的情形说了。

听了儿子的话，孟母并没有赞成儿子，而是对孟子说："这并不能说明你的妻子不懂礼仪，不懂的是你。《诗经》中说在进门的时候应该要问清有谁在屋子当中；如果要进入厅堂，就要高声告知，让厅堂当中的人知道；进屋子的时候，眼睛也应该向下看，这样做就是为了让屋子里的人不至于措手不及，没有防备。本来你的妻子在屋子里休息，你进屋的时候又没有告诉她，那么看到她不雅的样子怎么能说是她不懂礼仪呢？"

孟子听了母亲的教诲后，深感自责，便回到自己房中向妻子赔了不是，并打消了休妻的想法。

闲谈莫言人非，静坐常思己过。对于自己的错误和不足，要勇于承担。只有这样，才能认识到自己的不足，并在此基础上构建出更加强大的自我。而若一味把责任推卸到他人头上，除了怨天尤人，得不到一点好处。

没有人是完美的，包括我们自己。因为不完美，便免不了犯错。不要逃避自己的错误和责任，遇事时不要急于指责他人。这样，你会发现你所处的世界越来越友善，而你犯的错误也在不断地承担和自省中越来越少，你的能力越来越强。

## 5. 别为失误找借口，赶快想想如何去弥补

"没有任何借口"是著名的美国西点军校 200 年来最重要的行为准则。新生在这里学到的第一课，便是当教官问话时，只能有四种回答："是的，长官。""不，长官。""我不知道，长官。""没有任何借口，长官。"除此之外，多一个字都不能说。

在这样的行为准则之下，任何解释和借口都不被接纳，失误和拖延也就没有了庇护，如此，每个人在完成任务时都没有了退路，便只能竭尽全力去做好自己的任务，而不会再想逃避和偷懒的手段。而正是这样的行动，使得西点军校得以造就无数人才。

人无完人，金无足赤。既然不完美，就难免会有失误，会犯错误。而当这样的事情发生的时候，我们常常会下意识地为自己找到一个听起来 "合情合理"的借口，以此来为自己开脱，给自己失落的心情以安慰。

然而，当找借口成为一种习惯，我们也就越来越安于自己的失败——反正是可以解释的，反正是合情合理的，反正总有借口。于是，我们在用借口敷衍别人的同时，也消磨着自己。

卡米尔是一家汽车公司的网络编辑，她毕业于名校，能力也很强。但是，她每次遇到麻烦的工作总喜欢拖延，不能按期完成任务时，便找各种各样的借口，要么是自己这两天身体不舒服，要么是电脑出了问题，要么是工作伙

伴和自己合作不默契。这让同事们很不喜欢她。

有一天下午，公司要急发通告信给所有的营业处，而公司的文员又请假，办公室主管看中卡米尔的能力，便将这项紧急的任务交给了卡米尔。卡米尔满口答应下来，但是到了要做的时候，惰性又上来了，于是她在电脑前花了很长时间刷网页，玩儿游戏，等好不容易集中精神开始处理工作时，才发现工作远比自己想象的复杂。

当卡米尔意识到自己很难按时完成这项紧急工作时，她没有去想解决的办法，而是开始在心里盘算借口。当第二天主任来验收工作成果的时候，卡米尔说："我昨天晚上生病了，没法按时完成工作。"

主任一听很不高兴："既然这样你为什么不赶紧联系别人接下这份工作？"

"可是我生病了啊，我身体难受，哪儿顾得上这么多。"卡米尔早习惯了靠借口解决一切，便满不在乎地说。

这次工作的延误使公司不能按时完成合约，造成了几百万元的损失。公司决定开除卡米尔。

其实人人都有无法按时完成任务的时候，在这样的时候，如果不像卡米尔那样找借口替自己开脱，而是去积极地寻找解决和弥补的办法，那么很多不必要的损失和麻烦都可以避免。

借口是弱者给自己找的退路，而因为有退路，就总不能全力以赴，总是只肯花五分力气。于是就在这样的过程中和那些全力以赴的人相差越来越远。而懂得承担责任，弥补失误的人，则会从每一次的失败中汲取经验教训，不断使自己变得更加强大。

美国股票大王贺希哈有这样一句话为大家所熟知："不要问我能赢多少，而要问我能输得起多少。"

在17岁的时候，贺希哈就开始创业。但第一次赚钱的时候，也是他第一次获取教训的时候。当时，贺希哈全部家当只有255美元，他在证券场外做了一名捐客，不到一年，就发了财，赚取了16.8万美元。第一次世界大战休战期到来，他用大减价的价格买下了隆雷卡瓦那钢铁公司，但却受骗，身上只剩下了4000美元。

贺希哈没有简单地给自己的损失找一个"是受人所骗"的借口，而是在自省中得到了一个深刻的教训："除非了解内情，并有充分自信，否则，绝不要去买大减价的东西。"

贺希哈并没有被失败打倒，而是在承认自己失败以后，又开足马力继续干了起来。贺希哈放弃了证券的场外交易，去做当时未被列入证券交易所买卖的股票生意。开始时，贺希哈和别人合资经营，一年后，当拥有了足够资本，他开设了自己独立的贺希哈证券公司。再后来，他成为那些股票捐客的经纪人，每个月收入可以达到20万美元。


正是因为贺希哈没用借口去掩饰自己的失败，而是从中吸取了教训，并以此教训来弥补自己经商思维中的缺失，才有了他日后的成功。

借口是通向成功大道上的岔路，是失败者给自己寻好的退路。而只有那些不找借口，勇于背水一战，勇于承担和弥补自己的错误的人，才能在通往成功的大道上不受干扰，勇往直前。

## 6. 勇于挑战，无惧艰险

恐惧是让人避免危险、避免莽撞的本能情感，然而做事一旦被恐惧的情绪所束缚，既不免畏首畏尾，又很难有所成就。

生活中，我们经常会碰到这样的情况：同样的人在面对同样的事的时候，常常会出现不同的结果。为什么会这样呢？如果我们仔细想想，就会不难发现，人世间每一个人的眼光各不相同，看问题的角度与理解事物的能力也不一样，因此会产生如此大的差别。

内心怯懦的人，往往会比较自卑，认为自己这也做不好，那也做不成，遇到事情畏首畏尾，裹足不前。而内心勇敢的人则不会畏惧坎坷，害怕失败，不管什么情况，他们总能够振作精神，迎接挑战。

人会对不熟悉的环境或工作产生不安之感本是人之常情，然而只有克服这种不安与恐惧的心理，人才能有所收获，有所进步。而如果因为恐惧裹足不前，人就永远没有出头之日。

这是一次灾难性的航行，在海风没起之前，人们还在船上安然地做着自己的工作。但刹那间，阴云密布，海风卷着巨大的浪头向船上打来，船瞬间被打翻了，船上的人员死伤无数。

一个正在栏杆旁工作的人无意中得到了一个救生艇，这对于他来说简直就是不幸中的万幸了，但是这只小小的救生艇像一片树叶一样，在茫茫的大海上飘摇、颠簸，他迷失了方向，根本看不到救援人员，也无法联系到他们。

天越来越黑了，饥饿、寒冷和恐惧一齐袭上心头。这场突如其来的灾难使他除了这只救生艇之外，一无所有。看似他可以活下来，可活下来的希望似乎现在很渺茫了，即便不在那一瞬间被淹死，也会在这无边的大海上冻饿而死，更有可能成为某些海洋生物的腹中之物呢！

忽然，他发现远处竟然出现了一片阑珊的灯光，这片小小的灯光让他暂时忘记了恐惧，本已经没有了力气的身体突然变得壮实起来，他奋力地划着小船，向那片灯光前进。

命运似乎总喜欢捉弄他，那片灯光显然太远了，他划了一个晚上，直到天亮也没到达那个地方。但是，他并没有死心，继续划着小船，他觉得只要有灯光的存在，那么一定有人，说不定那里就是一座城市或者港口，不管是什么，总之那是一片生的希望。

白天，灯光看不清，只有在夜晚，那片灯光才在远处闪现，所以他白天放慢速度保持体力，到了晚上就奋力地前行，那片闪耀的灯光离他越来越近，对他招手。

就这样，一天、两天、三天过去了，饥饿、干渴、疲惫更加严重地折磨他。有几次他几乎觉得自己快要崩溃了，但一想到远处的那片灯光，他觉得希望就在前方，便陡然增添了许多力量。

第四天的黎明，他仍然向着那片灯光前进着，但已经是心有余而力不足了，他再也支撑不住了，昏倒到小船上。在昏倒的瞬间，他的脑海中还仍然闪烁着那片灯光，因为他的心里还认为自己能够活着到达那个可以让他生的地方。

这天傍晚，一艘外国的货轮从这片海域经过，把他救上了船。在船上医生的治疗下，他终于醒来了，大家才知道，他已经在海上不吃不喝地漂泊了四天四夜。

船长好奇地问："你是怎么坚持这么长时间的呀？"因为对于一个人来说，在这片茫茫无边的大海上即使吃喝全有的话，恐惧也会让人放弃的。

"是那片灯光给我的力量！"他指着远方的那片灯光，面带微笑地说。

大家顺着他指的方向望去，哪里是什么灯光呀，只不过是反射月光的波光粼粼的海面呀！


故事的主人公以为自己看到了灯光，但事实上他以为的灯光不过是一片反射月光的海面。而真正让他活下去的，是因为他在"灯光"的指引下战胜了心中的恐惧，开始行动。正是因为他能超越内心的恐惧而付出行动，他才终于在这场可怕的海难中幸存下来。

能战胜内心恐惧的人，便获得了化渺小为伟大，化平庸为神奇的力量。恐惧可以帮我们避开危险，而勇气却能让我们披荆斩棘，走向胜利。只有不怯懦，时刻都有勇气承担责任，才能在人生的路上不错失难得的机会。

其实，成功最可靠的资本就是担当，而担当最需要的品质就是勇气，只有我们以勇气克服了怯懦之心，逃避之心，我们才能勇于担起生活置于我们肩上的担子，而只有担起我们的责任并迈步向前，我们才能走出自己的人生之路。

## 7. 胸怀如山，担当如山，事业如山

做人如山，是要以如山的胸怀担当世事，唯有如此，才能拥有如山般坚固的事业。

做到担当如山，便需要一个广阔的胸怀，莫在小事上计较，对别人无意的冒犯可以担待，对于吃亏可以一笑置之。

清代著名的书画家郑板桥的名言"吃亏是福"可谓家喻户晓，而真正面对吃亏还能心稳如山，却着实是一个很大的考验。

在现实的生活中，总有人秉承着"人不为己，天诛地灭"的处世态度不肯吃一点儿亏，每当稍遇不公，就情绪激动，轻则破口大骂，重则大打出手，将事情弄得不可收拾，让与其共事的人怨声载道，失去人气，而自己也丧失内心的平静。即使其碍于面子不当面发怒，也往往在心中积怨，很难以平静的心情来承受偶然的不公。

胸宽则能容，能容则众归，众归则才聚，才聚则业兴——这样的道理其实并不难懂，但真要落实起来就不那么容易了。


世界顶尖高尔夫球手博比·琼斯是唯一一个赢得高尔夫"年度大满贯"（包括美国公开赛、美国业余赛、英国公开赛及英国业余赛）的人，他被称为美国高尔夫史上最优秀的业余选手。在高尔夫球员生涯的早期，博比·琼斯总是力求每一次挥杆完美无缺。当他做不到时，他就会生气地打断球杆、破口

大骂，甚至愤慨地离开球场，他的这种脾气使得很多球员都不愿意和他一起打球，而他的球技也没有得到多少提高。

通过这些教训，博比·琼斯渐渐了解到这样一个事实：一旦打坏了一杆，那这一杆就算完了，但是你必须尽力去打好下一杆，而不该耿耿于怀。静下心来，调适心态后，才能真正开始赢球。对此，他这样解释说："我终于明白了，要对每一杆有合理的期望，力求表现良好、稳定才能取胜，而不是寄希望于非常完美地挥杆来成就。"

正是放开了心胸，学会担待不完美的存在，博比·琼斯才终于走上了自己事业的顶峰。

人想有山的高度，必须先有山的广度，只有以容纳万物的胸怀包容一切，才能稳住自己的脚步，攀登上自己事业的高峰。

人都是将心比心的，有山的胸怀和担当，才能拥有审时度势的大气，换来别人的尊敬和拥护，如此一来，很多原本困难的事也就变得容易。"人敬我一寸，我敬人一丈"，就是在这样的气氛中，事业才能蒸蒸日上。

以山的胸怀和担当接纳崎岖，多一份坦然，多一份豁达。得失变幻，而内心平静如斯，如此便涤荡了心灵，从而有了一个华丽的转身，从而有了一个更加辽阔的人生天地。

## 8. 菊花之约，一诺千金

　　一个真正意义上的人，言而有信是做事的基本原则。纵观历史的长廊，诚信一直都是我们所推崇的高尚品格，"一诺千金"、"一言九鼎"、"一言既出，驷马难追"等和诚信有关的词语也是层出不穷，可见，诚信对于一个人来说多么的重要。

　　正直守信的人，言必行，行必果。在工作中自然会受到上司的信赖和器重，在家庭中也更容易维护和谐的夫妻关系。这样的人，即使在坎坷的人生中也能走出自己平顺的步伐。

　　一诺千金需要的是一颗正直之心，为人坦荡、秉公持正、刚正不阿。这是一种如大山般沉稳正直的态度，且是被人们所崇敬的。有了这种正直做人、诚实做事的态度，你就会遇到意想不到的机会。


　　从前，有一个叫皮斯的人被判了死刑，他是一个孝子，所以他希望自己能够再回家见自己的父母一面。

　　在向国王提出请求之后，国王念在他孝敬父母的份儿上同意了，可是还是有前提条件的：皮斯必须找一个人来替他坐牢。如果他没有在规定的时候赶回来，替他坐牢的这个人将被处死。

　　看上去国王的要求非常简单，可是却很难做到，因为如果皮斯一去不返，代替他的人可就一命呜呼了。他的朋友达蒙说自己愿意帮这个忙。皮斯非常感激地对达蒙说道："谢谢你，请相信我，我一定会回来。"

就这样，皮斯回家探望了自己的父母，而达蒙则被关在了牢里。所有人都说："达蒙这次肯定是上当受骗了，皮斯不可能再回来了。"可是达蒙仍然坚信自己的朋友一定会回来的。

很快就到了皮斯行刑的那天。当达蒙被押赴刑场时，围观的人群中有的人说达蒙很傻，有的人为他感到可惜，说他错就错在太过于相信自己的朋友。

可就在千钧一发的时刻，皮斯从风雨之中飞奔而来！他高声喊着："我回来了，我回来了!"

看到皮斯之后，围观的人都被他感动了，因为他们从来没有见过如此信守诺言的人。国王知道这件事之后，也为皮斯的举动而感动，于是就赦免了皮斯。

一诺千金，需要的是一颗忠诚的心，忠诚于自己所许下的诺言，才能取信于人，才能如孟子所说："得道者多助。"而忠诚正是一个人实现其自我价值的基础条件。忠诚，包含着对自己的忠诚，对他人的忠诚，对集体的忠诚，以及对信仰的忠诚。一个忠诚于自己的人，才能执着于自己的梦想，不为外物所改变；一个忠诚于他人的人，才能建立起相互信任的关系，才能在各种合作中互惠互利；一个忠诚于集体的人，才能得到集体的重视和认可，从而获得更广阔的发挥空间；一个忠诚于信仰的人，才能在各种诱惑和压力面前不为所动，保持内心的坚定和从容，从而获得更加和谐安宁的人生。

美国 IBM 公司之所以能在成立之初就迅速发展，离不开公司服务人员一诺千金、忠于职守的精神。

一天，一个用户急需计算机配件。IBM 公司在接到订单后，立即派两名女员工送去。谁知途中遇倾盆大雨，河水猛涨，封闭了沿途的14座桥，交通阻塞，汽车已无法行驶。遇到这种不可抗拒的情况，客户已对于按时收到配件不抱希望。但没想到等了四个小时之后，突然听到敲门声。客户打开门，惊讶地发现门口站着两名 IBM 的女员工，她们都被淋成了落汤鸡，而脚上各穿着一双旱冰鞋。

IBM 公司正是以工作人员认真负责的工作态度和感人的行动，赢得了广大用户的赞誉。很快，这个公司的用户就遍布世界。

一个信守诺言的人，定会让别人景仰和爱戴。所以，无论什么时候，说出去的话一定要兑现，如此，你的人生才会脱俗精彩。


## 9. 一次失信，便可能背负一生骂名

"狼来了"的故事我们每个人都耳熟能详，它除了教育我们做人要诚实以外，还说出了一个道理：一旦失信于人，就很难再让别人建立起对自己的信任。

中国有句古语"千里之堤毁于蚁穴"，这小小的蚁穴可能就是一次偶然的失信。有时候，我们辛辛苦苦建立起的诚信形象，就因偶然一次的爽约而轰然坍塌。而信任就像一张白纸，一旦被揉皱，再怎么努力地想要抚平，也会留下痕迹。

正直、守信的力量非常庞大。它是一个人在这个瞬息万变世界得以立

足的根本。是任何其他事物——事业、感情、家庭——得以存在的基石。而这基石却可以因为一个小小的蚁穴——一次失信，就岌岌可危。

姜亮来到分公司已经一年多了，为公司立下了很多功劳。当初老板曾明确说，只要在分公司工作一年，就把他调回总部，让他做技术总监。可是老板却一直都没兑现承诺。姜亮知道陈朋是老板的红人，就叫陈朋帮他问问。

陈朋就找了一个恰当的机会专门和老板谈起了这件事。

"这个人品格有问题，不能重用。"老板说。

"为什么呢?"

"他原来在我的对头公司工作，之所以他能来我的公司，是因为有一天他找到我，表示可以透露一些商业机密，当然啦，报酬就是我要高薪聘用他。这样诱人的条件我没有理由拒绝，所以他成了我一个分公司的技术经理。我可以给他职位，但不能给他权力。"老板如是说。

陈朋问："那么，也就是说他到了总部之后，多少都会掌握一些商业机密，有可能出卖你，是吗?"

"没错，他虽然很有头脑，但是不够忠诚，他能够出卖原来的公司，也有可能出卖我!虽然我的对头公司和我之间存在竞争，但我不得不说那个公司的老板是一个不错的人。我不能拿我的公司冒险，我不仅不会重用他，以后还要开除他!"

即使姜亮十分有能力，为公司立下了很多功劳，但因为他失信于人，便得不到现在的老板的重用。而得不到重用，姜亮即使能力再高也没了用武之地。

许多人走进了一个误区，认为只要自己为人诚实，偶然的一次错误并不要紧。然而诚信是人生的履历表中最容不得污点的一张。一次失信的行为，便有可能让人一生背负背信弃义的骂名。忠诚守信的反面便是背叛和欺骗，一个不忠诚的人，必然在苦难到来时自奔前程，在硕果丰收时一味追求自我利益最大化。如此，一个人就成了自私、薄情、毫无担当、经不起诱惑的卑劣之人，又怎能保持其他的美好品质？又怎能得到别人的信任和青睐呢？

佛家有云：万事万物皆在人心的一念之间，一念间可招福泽，一念间可引祸患。不管在什么情况下，都要保持如山的担当，做一个诚实守信之人，如此，我们会少一些孤立无援，多一些援助之手；少一些磕磕绊绊，多一些坦荡之途。

# 第六章 ╱ 如山的深邃：
## 可留意于物，但不要流连于物

如山悠远，沉静深邃。高耸入云却不傲慢，胸有锦绣却不张扬。在喧嚣中保持慎独清醒，在俗世中依然卓尔不凡。深涵不露，内藏风华，不慕虚荣，清明恬淡，这该是怎样的风度和雅量呢？做人如能这样，想不成功都难。

## 1. 脱得俗情，便入名流；减除物累，便超圣境

西方哲人蒙田曾告诫我们："人生最艰难之学，莫过于懂得自自然然地过好这一生。"在我们如今生活的凡尘俗世，物欲横流、利欲熏心，人们不断追求着更大的住房，更豪华的轿车，更高的地位，更响的名声，而那种"采菊东篱下，悠然见南山"的快乐却渐渐被人们遗忘了。

自自然然地过好一生，脱去俗世烦恼，剪除物欲之累，若能如此，便有了圣贤之心，无论身处怎样的境况，都是人生好时节。

2007 年，在世界最繁华的城市美国纽约的地铁站中，一名男子进行了 45

分钟的小提琴演奏。正是临近上班时间，来往的行人都步履匆匆。在这45分钟的时间里，大约有2000名市民从他面前走过，只有六人做了短暂停留。

45分钟后，这名男子收起小提琴离开地铁。他回到下榻的宾馆洗漱换装。几个小时后，他出现在美国最高规格的音乐厅，进行了自己的个人演奏会。

那个下午，在地铁站的45分钟里，他用一把价值350万美元的小提琴演奏了世界上最复杂的作品之一。而晚上，花了上百美元买票进场的人中，不知道是否就有当天下午从他面前匆匆走过的行人。

当记者问起他那个下午演奏的原因时，他只说了一句话："我只想知道，当我们无法静下心来时，我们可能错过什么。"

同样的演奏，放在地铁站时无人问津，人们都匆匆赶往地铁的终点——在那里，或许可以挣钱，或许可以享受。而当这演奏被搬上舞台时，人们却又趋之若鹜。

同样的音乐，同样的演绎，只是因为人们内心沉溺于俗情物欲，使得它不值一文；而在音乐厅里，终于可以安静地坐下，摆脱白日的利欲纷争，人们才发现，原来自己所忽视的是这样美好的东西。

脱得俗情并非不去追求人生理想，一味听从命运的摆布。它更多的是指凡事不必刻意强求，保持一种内心上的安定和淡然。谋事在人，成事在天。做出自己百分之百的努力，并享受付出的过程，而对结果，不要一味渴求，对失败，更不要念念不忘。

有一位老主管在自己的岗位上做了十多年，一天上级领导突然通知他，由于突发的经济危机，他被裁员了。对于他的家人来说，这样的结果是一个极大的打击，于是他们四处求人，希望能够帮助他恢复原来的职位。不过，老主管却在自家的小菜园里种上了菜，过起了平民百姓的生活。

他的家人看到这个情形都心急如焚，对他说："你这是在干什么呀？工作都没有了，怎么还有心情做这样的事情啊？"而他却丝毫不在乎，说："事情既然已经发生了，又何必强求改变呢？更何况这样的生活也没有什么不好啊？"

没事的时候，老主管就走村串巷，收集一些民间陶器作为自己的爱好。七八年的时间里，他竟然收集到了十几件世界顶级的民间珍宝，每一件都价值不菲，后来他竟成了远近闻名、令人羡慕的收藏大师。

功名利禄是我们内心的枷锁，看得越重，枷锁就会越多，我们就越难以挣脱。佛家有段偈语："天也空，地也空，人生渺渺在其中；日也空，月也空，东升西坠为谁功？金也空，银也空，死后何曾在手中！妻也空，子也空，黄泉路上不相逢！权也空，名也空，转眼荒郊土一冢。"任何事情，都不曾掌握在我们手中，因为，我们只是人生中的过客，终有一天会归于尘土。

既然如此，何不学学山的深邃，以自然洒脱，不为世俗动摇的超然心态面对世界，人生便会美好很多。

## 2. 可留意于物，但不要流连于物

桃花源的宁静生活是多少中国人心中的向往，可是现实中，每个人却都忙得焦头烂额、步履匆匆。"忙"，成为人们口中最常用的借口，因为忙，顾不上休闲；因为忙，顾不上和亲人沟通；因为忙，没有时间静下来欣赏一朵花开。

我们忙着追求各种诱惑，金钱的诱惑，地位的诱惑，名利的诱惑。就在这追求诱惑的"忙"中，我们早已不自知地成为了物欲的奴隶。

物质是必要的，我们的衣食住行都离不开物质。留意于物，可以让我们过上更好的生活，身心得到更好的放松。然而一旦这种"留意"无限膨胀，变成对物欲的永不满足的流连，那么，所有的美好都将不存在，剩下的只是物质的奴隶，在不断地追求中迷失自我，心力交瘁。

是否拥有那山般深邃平和的心，是决定物质带来的是成功，还是噩梦的关键。


有一家公司，在城市偏僻的地方买了一块地皮，由于价格低廉，公司老板非常满意。

老板买完地皮之后就开始投资建造一座豆奶加工厂，他认为这是一个低投入高回报的行业，自己一定能成功。但是事与愿违，公司从兴建伊始就开始亏损，远没有当初计划得那么好。但是公司老板不愿意放弃，继续投入几十万元资金，他相信，过不了多久，公司就会峰回路转，实现预计的盈利目标，可没想到这几十万元又打了水漂。

老板认为是公司设备不够先进，影响了生产效率和质量，又投入了80万元引进了德国的高端生产设备，但是理想和现实有巨大的差距，公司仍然在亏损。

豆奶市场在当地已经很饱和了，而他的公司又是一家新兴公司，根本没有品牌竞争力。但是公司已经投入了一百多万元，管理者想要放弃，却又不甘心自己的努力付之东流，于是又投入了300万元，希望可以置之死地而后生，但是投资依然是泥牛入海，一点儿成效都没有……

最后，老板为了豆奶公司倾家荡产，没有赚到一分钱，令人扼腕叹息。

物欲攀升的时候，我们要冷静下来，要及时给自己降温，这样，我们才能保持冷静，才能定力非凡地去处理棘手的事情。

古人云："不以物喜，不以己悲。"这需要能容纳万物的深邃的内涵，需要如山般的从容淡定。只有如此，人生的道路才能不被外物所羁绊，无论境遇怎样变幻，都能获得内心的幸福安宁。

### 3. 予则无所求，善则不挟私

现实生活中，我们做的很多好事并不是为了对方的回报。我们给乞丐一点儿零钱，给流浪的猫狗一顿饱饭，给陌生人一点儿帮助，这些我们所帮助的对象，我们以后也许再也不会遇到，更别说等待他们的回报。然而这样不计回报的帮助才是真心的帮助，才是善良的真谛。

帮助别人，不是为了回报，也不是为了让别人褒奖。《圣经》中说："你的左手做好事，不要让你的右手知道。"善良不是为了拿来炫耀和展示，而是心中时刻流淌的一种美德，是可以从帮助别人这件事本身获得快乐。

送人玫瑰，手有余香。这余香就是我们最好的收获。我们并不需要收到玫瑰的人还赠我们一束百合或一篮瓜果，仅仅看到对方的笑容——因为自己无私地给对方带去了快乐，便已觉得满足。

一个妇人在院子当中给花浇水，这个时候有三位老人来到了她的院子。虽然妇人不认识他们，但善良的妇人还是邀请他们到屋子中休息，还问他们要不要吃些点心。

可是老人们拒绝了，其中的一名老人说："我们不能同时进入一个屋子，你只能邀请我们其中的一个人。"

妇人表示不解，另一个老人解释说："刚刚说话的那个老者是财富，另一位是成功，而我是善良，我们不可能同时存在，所以你们商量一下希望我们谁到你家做客好了。"

妇人听后回到屋子里征求家人的意见，妇人的丈夫没有犹豫，决定让财富进屋，而妇人则觉得让成功进屋更好一些，正在夫妻俩起争执的时候，妇人的孩子说话了："我觉得还是让善良进来吧！其他两位老人即便不能到咱们家休息，依旧可以去别人家。"

于是妇人出去邀请善良老人进屋休息，没想到的是，在善良老人进屋之后，财富老人和成功老人也尾随而至了，妇人疑惑不解，善良老人解释道："确实，如果你邀请成功或是财富的话，那么进来的只有一人，但我是一个例外，财富和成功会一直跟着我，哪里有我，哪里就有成功和财富。"

善良才能带来成功和财富。有些人觉得善良是一个太高的标准，很难做到，然而事实上，善良不过是一个最简单的标准：予则无所求，善则不挟私。

古语有云：勿以恶小而为之，勿以善小而不为。山高千丈，也是一块块石头累积的，正是在这样小事的累积中，山才有了高度，有了深邃。

人应如山，如果我们不断地向别人施加负面的压力，那么我们便也背负起推人走向深渊的罪孽；如果我们不断地以慈悲和善意减轻他人的痛苦，那么即使我们从未做过"救人一命"这样宏大的善事，我们也拥有了慈悲的福报。

澳大利亚人尼克·胡哲天生患有"海豹肢症"，也就是说，他生下来就没有四肢。为了像正常人一样生活，他付出了比常人多几倍的努力，才终于像同龄孩子一样进入了学校。

然而在学校里，他不得不面对其他人异样的目光，以及别的孩子的讽刺作弄。

有一次，在经历了无比糟糕的一天后，他绝望了，他想自己已经做出了那么多艰苦的努力，承受了那么多痛苦，为什么还是得不得别人的认可？自己从来没做过伤害别人的事，为什么却要过这种受人歧视，受人欺负的日子。他当时在心里想：我受够了，如果今天再有一个人这样对我，我就放弃所有的努力，自杀。

这时，他的身后响起一个女生的声音："尼克！"

他心想：这一刻要来就来吧，尽情羞辱我吧，明天我就不存在了。

他转过身，却意外地看到了一张和善的笑脸。那女孩跟他说："你今天看起来好极了。"

很多年后，已经成家的尼克·胡哲说起这个瞬间依然不能自已。这个女生用最简单不过的一句鼓励，在那个灰暗的日子里救了他一命。


胡哲到现在也没机会向女孩当面说一声"谢谢"，但他知道已不需要，对于像女孩般善良、与人为善之人，当他们带给别人阳光时，是不需要感谢的。

也许你给别人提供的帮助只是举手之劳。但是对于那些急需帮助的人来讲，你就是上帝派来的天使。某心理学教授说过："人们每做一件好事的时候，心里就会产生一种愉悦。其实这就是爱心和善举给予我们的回报，这种回报正是人生中最宝贵的东西。"这种回报，就是送人玫瑰之后手中留下的余香。它不会使我们变得更成功、更富有，却可以在日后，当我们面对外界质疑时，想想自己做过的事，于是知道自己是什么样的人，所以可以坚定自我，可以坚持在正确的道路上前进。

如此，我们已经是最成功、最幸福的人了。

## 4. 己所不欲，勿施于人

佛家有云：人，必须时刻躬身自省，才能修德进业。经常反思自己的人，能够谨其言而慎其行，不仅利己，更能利人。因此，古人把"独善其身"作为处世的原则和标准，把"己所不欲，勿施于人"作为一种道德的标杆。

在我们每天的生活中，我们都在不断和别人建立起各种各样的关系，也在此过程中不断审视与评价着他人，却很少以同样客观的角度来反思自己每日的所作所为，来评价自己是否依然保有一颗充满正气的心。

孟子曰："吾日三省吾身。"

自省，不只是站在自己的角度自我反思，更要站在他人的角度来评判自己的对错。反思若是别人做了和自己同样的事自己是否会觉得得体，如此推己及人，才能做到己所不欲，勿施于人。

在美国的一次经济危机中，近九成的中小企业都关闭了。丹娜所开的齿轮厂的订单也是一落千丈。为了挽救工厂，丹娜想到找自己的朋友和长期以来的老客户们一起出出主意、帮帮忙，于是写了很多信。可是，当丹娜拿着厚厚的一叠信来到邮局时才发现自己连买邮票的钱都不够了。

面对这样的窘境，丹娜第一个想到的不是自己，而是这些朋友和老客户们一定也在经历一段艰难的日子。自己怎么能让他们花钱买邮票给自己回信呢？

想到这儿，丹娜转身回家。接下来的几天，她把家里能卖的东西都卖了，用一部分钱买了寄信的邮票，而另一部分钱就附在了寄出的每一封信中。丹娜在信中解释：这附上的两美元是回信时的邮费，希望可以得到大家的回信指导。

收到信的人都吃了一惊，作为在经济危机中依然挺立的少数企业，这样的信他们每天都收到，可是来信人从来都只强调自己的困境，并要求帮助，只有丹娜替他们做了考虑。何况两美元远远超过了当时的邮票价格。丹娜这样诚恳、不计较的品行感动了很多人，他们或给丹娜出谋划策，或干脆给丹娜寄出了订单。丹娜的企业就这样在危机的大潮中站稳了脚跟。

因为懂得，所以慈悲。很多时候，就是因为我们一味以己度人，不去考虑别人的角度和立场，才在无意中伤害了他人。若能如故事中的丹娜一样推己及人，便走出了和谐人际关系中最重要的一步。

当你鄙夷地说一个留学生吃不了点儿苦的时候，你不知道，因为他孤身在外，所以生病时连个给他带点儿饭的人都没有，家里有剩饭他就吃一点儿，若没有，他就饿着躺在床上等病好；你嘲笑一个人走路姿势不够优雅的时候，你不知道，她曾为了矫正畸形的腿，在骨头上打了钢钉，忍受了巨大的痛苦之后才终于能像你一样走在街上；当你指责那个孩子对父母太过冷淡的时候，你不知道，他从未拥有过你那样幸福的家庭，那个对你来说是世界上最幸福的地方，对他来说却是避之不及的痛苦所在。说这些话的时候，你都没有恶意，可是却因为不懂得推己及人，所以便在别人的世界里不自觉地扮演了刻薄、恶毒之人。

沟通大师吉拉德说："当你认为别人的感受和你自己的一样重要时，才会出现融洽的气氛。"

己所不欲勿施于人的智慧，就在于因为希望自己被温柔相待，于是温柔地去对待别人；因为希望自己得到帮助，所以无条件地去帮助别人；因为不愿自己受到伤害，所以也就不会去伤害别人。把别人当成自己来爱，所付出的感情便是最真挚的，所收获的感情也才能是最真挚的。

我们身处在一个并不完美的世界。在这个琐碎而不完美的世界里，苦难并不是只发生在电视、电影中的，而那些看似琐碎、似乎可轻描淡写的痛苦，真切地折磨着每一个身处其间的人。你或许未曾经历过同样的痛苦折磨，可是你可否试着把自己放在对方的立场上想想，收起自己严苛的一面，说一声加油，或是祝福。

如此，世界也将温柔起来。

## 5. 以德报怨，厚德载物

人是社会性动物，而生活在社会中，就不可避免地面临着错综复杂的人际关系，也必然承担着人际关系负面一方带来的种种压力。

生活中，我们或多或少都在别人的态度中感受过被敌视，甚至是被仇恨的压力。一次升迁，带来的除了祝贺，难免还有"他算什么东西，要不是走后门凭什么升他的职"的议论；一次成功，带来的除了喜悦，难免还有"就凭他也能成功，真是瞎猫碰上死耗子"的忌妒；一段美好的感情，带来的除了幸福，难免还有"秀恩爱，分得快"的恶意诅咒；甚至有时候只是穿上一件喜爱的衣服，也会招来"长那么丑还那么爱臭美"的恶毒攻击。

面对以上诸如此类的攻击时，我们原来的心理平衡被打破，不免会情绪急躁，大动肝火，有时甚至会和别人争得面红耳赤，以眼还眼、以牙还牙。结果呢？争辩只能是越抹越黑，让别人的看法左右自己；斗，则大多是两败俱伤，彼此间感情恶化，自己也很难有好心情，却又何必呢？无来由的敌意是他人的错误，我们若因此大动肝火，就是用别人的错误来惩罚自己。

既然如此，何不干脆置之一笑，以一颗宽广的心胸将这敌意不着痕迹地化解，享受自己的生活，又何必太在意别人的眼光？

英国哲学家培根曾说："报复的目的无非只是为了同冒犯你的人扯平，然而有度量宽谅别人的冒犯，就使你比冒犯者的品质更好。"而只有以山般的深邃来对待敌视，才能化解仇恨，留下一片人生的清甜。


一个小和尚心头常常被各种烦恼占据，他为此焦虑不安，夜不能寐，他觉得他受了很多苦：自幼父母双亡，被亲戚扔到佛寺；没有受到父母的关怀，却经常被凶恶的和尚们恶语相待；饭没吃多饱，每天却有干不完的活……有一天，他找到寺院的住持诉说自己的不幸。

住持并没有安慰他，反倒说："谁又是幸运的呢？你以为别人没有受过你这样的苦，也许他们比你还不幸。"

"那么，他们到底是如何熬过来的呢？"小和尚问。

住持让小和尚端来一杯清水，他在清水里放了一勺盐，命令小和尚喝一小口，然后问他："咸吗？"小和尚皱着眉说："又咸又苦，真难喝！"

住持又带小和尚去了寺院后的湖边，将那杯盐水倒进湖水里，又舀了一杯递给小和尚。小和尚喝下后，他问："苦吗？"小和尚摇摇头："不苦，甜甜的！"

"你看，这就是方法。"住持微笑着说。


溶解仇恨的，只有宽广的内心。狭窄的心胸，就仿佛是一杯水，一勺苦恼的盐就能让整杯水都咸涩；而心胸宽广如湖如海，那么放一勺盐什么都影响不到。苦水只会越吐越苦，还不如把它放进更大的水域，让它渐渐稀释。

因此，在面对别人的有意攻击时，我们与其情绪激动地反唇相讥，与人争斗，不如温和一点儿，宽容一点儿。坦然自若地去面对。这样既能维护好内心的平衡，又能和风细雨地化解矛盾，进而赢得别人的赞叹，何乐而不为？

曼德拉是南非人心目中永远的英雄，在被白人关押了长达27年之后，他才出狱，就任南非总统。那一年是1994年。他出任南非总统那天，让很多人记忆犹新，因为在他的就职典礼上，他邀请了三位特殊来宾——曾经看守他的狱警！

曼德拉邀请这三个人并不是为了羞辱他们，而是对他们表示诚挚的谢意。没有人知道为什么，包括这三位狱警。他们不仅没有细心照顾过曼德拉，甚至以前对他非常不好，还虐待过他！

但是曼德拉解开了人们的疑惑，他这样说："在我离开监狱的那一刻，重见光明的那一瞬间，我就决定了一件事，那就是将我曾经的一切怨恨都抛诸脑后，否则我永远走不出心中的囚牢！"

曼德拉这一句深深的感慨值得我们深思。如果我们不能忘掉过去的仇恨，将其当宝贝一样抱着，那么无异于终生住在无形的"心的牢狱"里，生命永远得不到解脱。曼德拉没有仇恨虐待自己的狱警，更以不计前嫌的态度对待他们，他宽广的胸怀令人敬佩。

以大山般的深邃来化解仇恨，原谅他人，让自己多一份轻松，对方也会多一份感动和感激，正可谓"人心不是靠武力征服，而是靠爱征服的"，更何况，一个人如果连仇恨都可以放下，都可以溶解，那么他还有什么不能放下的呢？

厚德载物，深邃的内涵仿佛一个人人生的地基，只有有了牢固的地基，才能建起人生的摩天大楼。


## 6. 爱人者，人恒爱之

爱人者，人恒爱之。

世界是一面镜子，你对它笑一笑，它也会给你一个笑脸；如果你整天愁眉苦脸，生活自然也就无精打采了。整天想着那些美好的事情，自然就会有如在天堂般快乐；当你心中总想着罪恶的事情，心中自然就会惴惴不安了，参禅如此，人生之道也是如此。

爱他人，需要的是一颗慈悲之心。慈悲是冬日里的一缕阳光，使饥寒交迫的人感受到生活的温暖；慈悲是飘荡在黑色夜空中的一首歌谣，使孤苦无依的人感到心灵的慰藉；慈悲是洒落在久旱土地上的一场甘霖，使心灵枯萎的人感到一丝丝的滋润。

在 20 世纪爆发的一场战争中，一名叫丽娜的普通家庭主妇从报纸上看到，参战的士兵因思念亲人倍感孤单、失落，作战士气极为消沉，于是她决定以亲人的身份给他们写信，收信人是"每一位参战的士兵"，落款一律是"最爱你们的人"。信的内容风趣幽默、关怀备至。直至战争结束，丽娜一共寄走了六千多封信，她认为自己所做的一切不值一提。

日子一天天过去，转眼战争结束已经快十年了。一天清晨，丽娜梳洗完毕要去上班，打开房门的一刹那，她惊呆了：门口笔直地站着一排排穿戴整齐的绅士。他们每人手里拿着一束玫瑰花，见到她簇拥了上来，齐声喊道："我们爱你，丽娜女士！"丽娜此时像万人追捧的明星，被鲜花和掌声包围住。

原来，在战争结束十周年之际，参战士兵联合会进行了"战争中我最难忘的事"的评选活动。所有收到信件的士兵至今都难以忘怀，在那艰难的岁月这些信给了他们无穷的信心和勇气，于是他们决定找到写信人。通过寄出信的邮局，他们知道了丽娜的详细地址，相约来答谢这位伟大的女士。

丽娜的眼睛湿润了，她从没想过，小小的一封信件居然会让这些经历了战火纷飞、生离死别的老兵们念念不忘，此时的她是幸福的。


爱他人，真的是一件神奇而美好的事物，当你以善良之心对待其他生命时，你的心便和他们有了交汇，你的生活，也因此被无形地扩展。在这样的慈悲善举之中，幸福同时降临于实施善举者和接受善举者。一份的付出，便由此开出双份的花朵。

"只要人人都献出一点爱，世界将变成美好的人间。"歌曲《爱的奉献》中这句歌词表达了人们对爱的呼唤和向往。无论何时何地，我们要善待生命里的每一个人，以善良的心、慈悲的爱来温暖整个世界。


一位登山客在山中遇到了暴风雪，他在风雪茫茫中迷失了方向。由于这场暴风雪来得太突然，他的御寒装备又严重不足，他心里很清楚，如果自己不能尽快找到避寒处，那不久后就会被冻死。

他没走多远，四肢已冻得开始麻痹，他知道自己时间已不多了。就在这时候，他看到不远处，躺着一个人，一动不动，原来这个人已经快冻僵了。此时的登山客面临一个困难的抉择：他是应该继续赶路以求拯救自己，还是设法救助这个在雪中生命垂危的陌生人呢？

最后，他做出了一个决定，设法救助陌生人。他脱下湿手套，跪在那个生命垂危的人身边，按摩他的手臂和双腿。那个人的血脉开始流通，四肢慢慢地能够活动了，最后还能站起来。而就在两个人相扶前行的过程中，设法救人的登山客滑倒扭伤了脚。被救的陌生人搀扶着他一路走出险境。

后来登山客感叹：如果我没有救他，那么我在崴了脚之后一定会死在风雪中。虽然一开始是我救了他，但最终是他救了我。


很多时候，帮助别人也是帮助我们自己。人不能抛开社会孤立地活着，而每当我们献出一点儿爱的时候，我们也就将自己的生活装点得更加美好。

"生命诚可贵"，大街上可怜的乞丐们，被抛弃的孩子们，被冷落的老人们，每个人都需要关爱，那我们应该去关爱他人，这样世界上才会充满慈悲的力量，充满爱的温暖。

"相逢何必曾相识"，对他人的善待不是只存在于亲朋好友间，我们应该充满热情地帮助任何一个需要我们的人。

爱人者，人恒爱之，就在我们向他人献出爱的同时，我们自己也收获了世界上最宝贵的情感。

## 7. 淡然得失，理智取舍

俗话说："人生不如意之事十之八九。"很多时候，我们的生活并不如我们所期待的那样美好。星移斗转，世事变迁，好事和坏事都会发生。我们很容易在成功时喜形于色，又在失败时垂头丧气。事实上，在人生的大舞台上，没有人会永远在台上发光发亮，总会有下台的时候。下台的滋味总是不好的，这是人之常情，但是，我们要尽快平衡心态，让自己"上台下台都自在"。古人云："不以物喜，不以己悲。"便是要我们定下心性，既要赢得起，也要输得起。

人总有处在低谷的时候，这样的时候，要能平心静气地做自己应该做的事情，而且要认真反思自己的缺点，提升技能，随时准备再次华丽地回归舞台，无论是原来的舞台或者另择他地，只要心态平衡，就会再次创造辉煌。

如何守住心灵的一方净土，使自己的日子过得顺心而滋润呢？我们不妨静下心来，保持一颗平常心。所谓平常心，即对待周围的环境做到"不以物喜，不以己悲"，更要对周围的人事做到"宠辱不惊，去留无意"，气定心宁，闲庭信步。

一位资深的女演员，她兢兢业业，演技精湛，为人谦虚。尽管年华逝去，但她凭借自己的努力依然是演艺界众所瞩目的焦点，依然是新秀们竞相比较的对象。

有一次，当她在纽约百老汇演戏的时候，一位很有发展前途的年轻女演员极其傲慢地对她说："你实在没有什么了不起的，我随时可以抢你的戏，这个世界已经不属于你了。"

她轻轻地笑了笑，对这位年轻女演员说："我的确没有什么了不起，不过说句不谦虚的话，我不在台上，也可以抢了你的戏。你要是不相信的话，我们不妨就在今天晚上的演出见吧！"

当天晚上，大家都很兴奋，准备看两个优秀的演员如何飙戏。那名年轻的女演员身穿华丽的衣服，正在用夸张的语言、动作演出一段电话对话，而她则表演了一段饮香槟的内容，然后把高脚杯放在桌边上随即下场。高脚酒杯的杯底有一半露在桌外，随时都可能掉下来，观众既担心又紧张地盯着高脚杯，期待她快点儿出来将高脚杯放好，但她始终没有出现。那位年轻的女演员使出了浑身解数，也无法把观众的注意力吸引过来，她只好在观众心不在焉的表情下演完这场戏。

不用说，这场演出年长的女演员大出了风头。


年长的女演员并没有四处张扬自己的才华，她只是聪明地使用了一块透明胶布就将自己的才智展示于人，那种四处宣称自己可以抢戏的年轻女演员显然不是和这种境界一个档次。

哲学家告诉我们："如果我们只是要在别人面前炫耀自己，使别人对我们感兴趣，我们将永远不会有许多真实而诚挚的朋友。"因此，如果你想要避免人生遭受挫折的命运，就要学着让自己对于自己的才华也好，成就也罢，都保持一颗淡然恬静的平常心，只有以平和之心，才能除去狂妄之气。

是金子总会发光。就像山从不解释自己的高度，但并不影响它耸立云端；海从不解释自己的广度，但并不影响它容纳百川；大地亦从不解释自己的厚度，但万物皆靠它负载才得以立足。


卡伦·休斯女士，2005年9月就任美国副国务卿，她是小布什从老家得克萨斯州带到华盛顿的"圈内人"，入主白宫总统专门为她创设了一个独一无二的职位——"总统顾问"，她为总统鞍前马后效力多年，媒体称她为美国"海外形象大使"。

解职后，很多人以为卡伦·休斯会在政府任与正副部长不相上下的职务，岂料她竟到外地一所不起眼的幼儿园当教师了。"沦落到当幼儿园阿姨的地步，太失面子了"，"堂堂副国务卿居然能接受这种人生起落，这太不可思议了"……

对于人们各种各样的评论，卡伦·休斯解释道："这称不得什么大怪事，没有必要如此惊诧，关键是我乐在其中，并以此为傲。以前我的生活除了持续的工作外没有别的，现在我没有必要为了面子继续那种生活，现在一切都进行得非常好。"


卡伦·休斯没有因昔日的事业巅峰而自满，也没有为从副国务卿一下降至幼儿园老师而失落。因为看淡成败，人生对于她已有了不同的意义。

看淡成败，淡然去看待问题，我们才能离成功更近一步。人生在世，岂能时时顺心、事事如意，只有保持一颗平常心，淡然处世，我们才不会被烦恼所扰，才不会被俗事所累。

成功没有捷径，但是好的心态却可以成为我们成功的助推器。任何时候，成败都是暂时的，都会过去，而一颗不因外物而转变的平常心才能带给我们长久的平静、安宁和禅意的生活。

## 8. 怡然自得，不慕虚荣

人都是要面子的，希望自己看起来体面。但是，如果太爱面子就成了虚荣了，虚荣是以一种虚假方式来保护自尊的心理状态，这种心理状态使人只在乎外表、学识、财产或成就，为了它们可以不择手段，弄得自己身心疲惫却达不到最终目的。

很多人为了虚荣心、为了"面子"而丢了"里子"，用俗话说就是"死要面子，活受罪"。活着，就要有一个奋斗目标，为了自己的目标而努力是光彩的，但是为了面子而丢了目标那就得不偿失了。

马蒂尔德·卢瓦泽尔是一个很爱面子的年轻主妇，她貌美如花，却嫁给了一个贫寒的小公务员。她每一天都在幻想自己能够成为一名贵妇人，享受优渥的生活，得到众人的羡慕。

有一天，他们要参加一个舞会，她却买不起漂亮的首饰，丈夫建议她戴朵鲜花。然而鲜花并不足以满足她的虚荣心，于是她向一位有钱的朋友借了一条钻石项链。

舞会上，她感觉到项链在自己脖子上闪闪发光，她觉得自己是所有人目光的焦点，她开心极了。

然而就在舞会结束之后，她突然发现那串项链不见了，她和丈夫努力地寻找却怎么都找不到。

这时，虚荣心又一次作祟，她没有向朋友如实告知，而是借钱赔了朋友一条一模一样的项链。而为了还钱，她和丈夫没日没夜地辛苦工作了整整十年！

　　十年后，借给她项链的朋友再见到她时已认不出来她，辛苦的工作让她显得无比苍老。而当她告诉朋友事情的真相之后，她的朋友惊讶地说：

　　"可是那条项链是假的，最多值500法郎！"

　　这是莫泊桑的著名短篇小说《项链》，为了虚荣心而赔进了主人公十年的时间，值得吗？"面子"能给我们什么呢？除了负累之外没有其他的。其实，我们完全可以轻松地生活，我们将为了虚荣心而买名牌衣服的钱省下来改善自己的生活，我们将为了虚荣心而与同事吃吃喝喝的钱存下来孝敬父母，我们将为了虚荣心而说的谎言纠正过来真实地生活，这一切该多么有意义啊！

　　虚荣心一时的满足可能使你飘飘然，但是之后呢？你仍然要回到原点，回到你的生活当中去，打肿脸充胖子除了落得自己疼痛之外什么也得不到，最后只能"哑巴吃黄连"，还被人背地里当成"死要面子活受罪"的傻子。

　　虚荣不能使我们生活得更好，也不能助我们实现理想，更不能让人生变得更有价值，所以何必给自己凭白增加负累呢？当你为了"面子"而心力交瘁时，不妨想一下，今天的付出会为你迎来怎么样的未来？如果想到这些，也许你就不会为了虚荣心而找罪受了。

## 9. 始终保持君子风度

美国最受尊崇的心理学家威廉·詹姆斯曾说过这样一句话："我们的时代成就了一个最伟大的发现——人类可以借着改变自己的态度，改变自己的人生！"

没有人生来就是伟人或君子，每个成功的人都是在不断调整自己的处事方式中逐渐接近伟人和君子的标准。我们不能改变我们遇到的麻烦、我们接触的人，但我们可以改变我们的态度，当我们始终保持君子风度待人接物时，我们也就成为俗世之中的脱俗之人。

一位哲人单身时和几个朋友一起住在一间很狭小的小屋里，生活非常不便，但他整天乐呵呵的。有人问："那么多人挤在一起，你有什么可乐的？"哲人说："我们随时都可以交换思想，交流感情，这是多么值得高兴的事情。"

过了一段时间，朋友们相继搬了出去，屋子里只剩下了他一个人，但是他仍然很快活。那人又问："你一个人孤孤单单的，有什么好高兴的？""一个人安静，我可以认真地读书，这怎能不令人高兴呢？"

几年后，哲人搬进了一座七层大楼里，他住最底层。底层的环境很差，上面老是往下面泼污水，丢破鞋子、臭袜子和乱七八糟的东西。哲人还是一副自得其乐的样子。那人又好奇地问他为什么高兴，他回答："住一楼进门就是家，上下楼、搬东西都很方便，而且还可以在空地上种花草……这些乐趣呀，数也数不尽！"

过了一年，七楼有一个偏瘫的老人嫌上下楼不方便，哲人便将一层的房间让出来，搬到了七楼，每天他仍然是快快乐乐的。那人揶揄地问："住七层楼是不是也有许多好处啊？"哲人说："是啊！没有人在头顶干扰，白天黑夜都非常安静；每天上下楼几次，有利于身体健康；光线好，看书写字不伤眼睛。"

后来，那人遇到哲人的学生柏拉图，问道："你的老师所处的环境并不那么好，但他为什么总是那么快乐呀？"学生说："你不能控制他人，但你可以掌握自己；你不能左右天气，但你可以改变心情。只要你想，每天都是快乐的。"

要获得成功和快乐没什么秘诀可循，唯一的办法就是耕好自己的"心田"。只要心境明朗，自为自乐，掌控好自己的人生，我们往往就能获得生命的新意和对生活的一种全新理解。如此，人生还有什么事情能被困住呢？

君子当宠辱不惊，当看淡得失，当不以物喜不以己悲。而一个人若具备了这些君子风度，便也能在自己的人生里得到众人的认可。

由于工作出色，林丽进入公司不到三年就被领导提拔了，她从一个普通会计晋升为了财会小组长。遇到这样的好事情，林丽心里自然是美滋滋的，上下班路上都哼着小曲，但是很快这种好心情就被破坏了。

有一个同事心里不平衡，觉得自己是老员工，凭什么这么好的机会让资历尚浅的林丽"捡"了。于是，这个同事对林丽的态度尖刻了起来，说话很不客气，有时还带着"刺"："有些人爬得真快，也不想想是谁在给她垫着背。""人家年轻人长得好看，悄悄抛一个媚眼，自然就能得到老板的宠爱。"……

听到这些，林丽自然明白对方另有所指，她很气愤，但是理智最终控制了情感。办公室就几个人，她也不想搞得很僵，毕竟还要来往，而且自己也要发展和进步。于是，每当同事再对自己出语不善时，林丽都是嫣然一笑，继续埋头工作。

就这样，林丽顶着被否定的心理压力，不断地提高自己，完善自己，工作成绩越来越好，又一次次得到了领导的表扬。时间久了，这位同事也觉得林丽的工作能力的确比自己高出不少，也便不好意思再说什么了。

对于同事的敌意，林丽不是不可以撕破脸皮，同样恶语相向，然而如果这样做她又能得到什么呢？糟糕的人际关系，令人反感的办公室气氛，以及"有点儿小成就就不能让人说一句"的更多中伤。林丽是聪明的，她对于来自同事的敌意和仇视保持了君子风度，一笑置之，在不断地上进和努力中终于得到了所有人的认可。

清者自清，以忍灭嗔，用实力证明自己，用涵养——而不是恶毒的回击来胜过别人。当你以君子的态度来"迎战"对方强硬的攻击时，你会发现，别人任何的无理攻击与诽谤都会在你的柔声细语之中无用武之地，如此也就能和风细雨地化解矛盾，换来心安神定的人生活法。

做人如山，就要有山的深邃和内涵，始终保持君子的风度，以此化解风雨，迎接阳光。

# 下篇 水的哲学

——顺势而为的智慧

山不转水转，你不变我变。不计较、不纠结、不停留，遇事委婉、融通、低调、豁达、坚韧，哪怕只有很小的空间，哪怕高山深壑，都能见机行事、顺势而为、应变自如，最终取得成功。

# 第七章 ／ 如水的追求：
## 大江东去，目标不移

> 如水曲达，九曲到海。水，看似无章无形、随意散漫、漫无目的，只知道顺势而下……水从不在意人们的这些看法，自始至终它的心中只有一个目标——大海。有目标，才有追求的动力；有追求，才有前进中的欢畅。行事当如水，树立自己的目标，并努力追求，直至成功。

## 1. 大江东去，目标不移

地球不停地转动，江水滚滚东去，看那些流动的水，你有什么感触呢？谁都知道两点之间直线的距离最短，但是，崇山峻岭不允许河流选择最简单、最省力的路线，世界上没有哪条河流自源头开始就笔直地冲向大海，几乎每条河流都要经历一段曲折、蜿蜒的路才能最终入海。

当你选择一条曲折的路线时，就意味着要经历艰难，但如果心中有目标，哪怕路线再蜿蜒你也会有拔下胜利旗帜的那一天。河流的理想是向东入海，于是，它们坚定地以大海为目标而不断前行，无论跨过几座山，转过多少弯路，它们最终都会融入大海。

一个人沿着一条路行走，如果越走越宽阔，那他一定会觉得幸运与快乐，但一旦路遇不幸，他便以为自己走进了死胡同，绝望、抱怨一起袭上心头。其实，人生哪有什么绝境呀，唯一的绝境可能就是迷失了自己，只要你的目标明确，坚定不移，哪怕绕过万水千山也终有一天会实现。

一个坚定的目标，对于人生来说很重要。人生没有指路牌，但人生不能没有目的地。民间有这样一句话"人得有奔头儿"，这个"奔头儿"其实就是目标，是人奋斗的动力，有了"奔头儿"人才有精气神儿，漫无目的地前进永远找不到方向。


有这样一个笑话，有个人要到纽约去，他很早就出发了，希望能在天黑之前到纽约。没过多久，他看见一个开汽车的年轻人，就拦住他问路："请问到纽约还有多远的路程？"

"大概30分钟吧！"年轻人回答。

"能让我搭个便车吗？"这个人又说。

年轻人同意了。这个人高兴地上了车。终于可以歇歇脚了！

汽车行驶了大约30分钟，这个人四处张望，越发地感觉不对劲。周围仍然是乡村的景象，没有一点儿大都市的影子。他疑惑不解地问年轻人："还有多远才能到纽约呀？"

年轻人说："要一个小时可以到纽约。"

这个人更不理解了："一小时？为什么刚才还是半小时？"

年轻人说："没错啊，刚才确实离纽约还有半小时的路程，那时我刚从纽约出来。"

年轻人看到这个人吃惊的表情，他又说："你又没问我到哪儿去？这能怪谁呢?"

　　一个人一旦设定了人生目标,它就要像一座灯塔一样,指引人向前走去。但是,如果这个目标在你心中只是一个目的地也是不可以的,你一定要明确通向目标的那个方向,这个方向是永远不能变的。

　　我们的人生就像大厦一样,想要建好,一定要画出图纸,然后按图施工,这座大厦才会落成。石油大王洛克菲勒说过:"奋斗者要想成功,最重要的因素是目标的选择。"

　　辛勤地工作和一颗善良之心并不能促使一个人获得成功,如果他没有在心中确定自己所希望的明确目标,他又怎能知道自己已经获得了成功呢?如果没有人生的目标,正如船只没有灯塔领航,你就不可能掌握正确的航向。

　　19 世纪,美国发现了储量可观的金矿,这个消息轰动了整个美国,引发了一股淘金热。

　　一个年轻人带着梦想和众人前往西部去淘金,可是走到中途的时候,有一条大河挡住了去路。等待了好几天,被阻隔的人越来越多。有人选择绕行,也有人选择掉头回去,剩下的一些就留在原地抱怨。就在众人怨天尤人时,年轻人突发奇想:既然大家都无法过河,那我何不摆渡呢?这些人都期待着淘金,他们不会吝啬这些小钱。就这样,年轻人开始摆渡,他很快就得到了人生的第一笔财富。

　　一段时间过后,大部分人都已经过了河,摆渡的生意变得冷清了。年轻人决定继续前往西部去淘金。可是,到了西部之后,年轻人发现这里天气非常燥热,而且淘金者遍地都是。很多淘金者因为难耐饥渴,浑身无力,甚至失去了性命。年轻人初来乍到,经常被人欺负,好不容易找到一处合适的地方准备淘金，却又被恶汉抢占了地盘。年轻人想要争辩，没想到却遭到了毒打。年轻人之前赚的那笔财富很快就花光了，可他却一粒金子也没有挖到，还要经常忍受饥渴的痛苦。年轻人心想："看来淘金是没什么希望了，这样下去只会让自己的身体垮掉，与其淘金，还不如卖水！"这个想法让年轻人很兴奋，甚至充满斗志。于是，他开始到处询问："这个地方哪里离水源最近？挖水渠需要什么工具……"

听说年轻人要放弃挖金矿，改行卖水，许多人都嘲笑他没有志气。可是，对于这些冷嘲热讽，年轻人并不在意。他一个人没日没夜地挖水渠，从百里之外将河水引入水池。然后，他将水装进水桶里，开始卖水。西部严重缺水，每天排队买水喝的人挤破了头，水总是供不应求，年轻人卖水的生意非常红火。慢慢地，有人开始参与卖水的新行业了。再后来，卖水的人越来越多，年轻人的生意就被瓜分了。不过，他很快又开始调整自己注意的焦点。

年轻人发现，那些整天在野外挖矿的人，裤子很容易被磨破，而西部到处都有废弃的帆布帐篷，这种布料非常结实，不易破损。于是，他把这些废布收集起来，清洗干净，缝制成了裤子。于是，世界上第一条用帆布做的裤子——牛仔裤诞生了，而且深受人们的欢迎。这个年轻人名叫利瓦伊斯，此后他成了举世闻名的"牛仔大王"，创造了闻名世界的牛仔品牌"李维斯"。

利瓦伊斯的人生目标就是实现自我价值，所以他挖金矿、卖水、卖牛仔裤等都是为了他最终的目标而努力，虽然在通往成功的道路上他无数次跌倒，但心中有了目标他仍然可以迅速爬起来。

世界著名成功学大师拿破仑·希尔说："没有目标的人注定一辈子为有明确目标的人工作。"目标就如一个人的头上的一颗指明星，即使四周夜幕茫茫一片，你只要抬头仰望，也会找到那个指引方向的光亮所在。

成功，源自于你选择一个什么样的目标，而实现目标源自你有一颗变通的心，目标之旗就在那儿等你拔下，如果你的面前没有光明大道的话，绕一绕、转一转也是一个不错的选择，重点是你的心中有目标。


## 2. 看清自己，避短扬长

明代《兵经百字·测字》中说："两将初遇，心有所试；两将相持，必有所测。测于敌者，避实而击疏；测于敌之测我者，示短以致长。测蹈于虚，反为敌诡。必一测而两备之，虞乎不虞，全术也，胜道也。"这是在判断了敌方怎样判断我们意图的情况下所采取的策略。

五个指头伸出不一般齐，同样，我们每个人都有自己的长处，也有自己的短处。所谓成功者或人生赢家，便是懂得在人生的选择中扬长避短，选择自己擅长的领域发挥能力，自然天宽地阔，游刃有余。

正如在拳击比赛中，个头较小手臂较短的拳手一定会选择近距离攻击，而个子较高手臂较长的选手则会选择和对方保持一定距离的攻击方式，这便是认清自己、扬长避短的典型例子。

在其他领域也同样如此，一代文豪钱钟书高考数学只考了 19 分，如果他没有走上文学之路而被父母硬逼着去学数理化，那么他只能成为失败者；著名科学家爱因斯坦自小就在自然科学上表现出天赋，却在语言方面并不出色，如果他没有走上科研道路，而是去做需要大量语言沟通的营销工作，那么也只能是一个郁郁不得志之人；如果让音乐天才莫扎特去学画画，如果让梵高去学钢琴，那么这个世界上的大师就又少了两位。

美国总统林肯相貌丑陋，对于常常以印象好坏来投出选票的选民来说，林肯的长相实在是一个竞选中的劣势。但是每每提到自己的长相，林肯总能以自己的机智和幽默给人留下深刻的印象。

当林肯和斯蒂芬·道格拉斯竞选总统时，在辩论阶段，道格拉斯指责林肯是个两面派，有两张面孔。林肯听了并不生气，却彬彬有礼地微笑着回答："如果我真的有两张面孔，难道我还会心甘情愿地戴着这一副丑陋的吗？"林肯的自嘲精神和风趣幽默赢得了人们的认可，就这样，林肯的"丑"竟然成为了他展示自己机智一面的优势。

而林肯面临的另外一个问题，就是他的贫苦出身。当对手以这一点来攻击他时，他摊开双手，坦然地说："有人写信问我有多少财产？我说我有一个妻子和三个儿子，他们都是无价之宝。此外，我还租了一间办公室，室内有桌子一张，椅子三把，墙角有大书架一个。架上的书，每一本都值得细读。我本人既穷又瘦，脸很长，我实在没有什么可依靠的，唯一可以依靠的就是你们。"

于是，林肯的贫苦出身也不再是他竞选的劣势，而成为他拉近与中下层选民距离的优势。

试想，如果林肯不懂扬长避短，突出自己的机智幽默和亲民形象，而是像之前那些相貌英俊的总统一样用夸张的打扮和包装强调自己的形象，那么他又如何能从残酷的竞选中获胜呢？

生活中常常有这样的现象，我们看到别人经商发了财，便也辞职经商；看别人家的孩子学琴上了电视，便也要自己的孩子学琴……可是我们却很少想一想，别人擅长的，我们是否同样擅长？别人适合的，我们是否同样适合？

东施效颦的故事人人皆知，可是多少人又在对自己的不了解和对扬长避短的道理不熟悉的过程中犯着同样的错误呢？

每个人都有独特的长处和短处。只有那些看清自己，懂得扬长避短的人才能在人生的道路上避开荆棘，走出自己的精彩。否则，只能在自我怀疑的煎熬中成为平庸的大多数。

其实，人生成功的种种战术万变不离其宗，无非是了解自己，从而扬长避短。我们只要适度把握时机，在发挥优势的同时规避劣势，如此用心经营生活，每个人都可以赢得辉煌的人生。

## 3. 梦想不等于幻想，目标贵在实际

每一个人要成功，要走向比现在更好的未来，需要一颗仰望星空的心，需要怀有梦想和憧憬。然而梦想并不等于天马行空的幻想，也不是天上掉馅饼的白日梦，而是一个现实可追的目标，使得人在仰望星空之后可以脚踏实地地努力。

我们一直在鼓励人要勇敢、坚强，但是也要量力而行。如果把梦想定得太远，那么只能浪费自己的精力，即使再努力也会离它很远。因此，一个有梦想的人一定要注意，千万不要掉进好高骛远的泥潭里，否则不但梦想难以实现，自己也会疲惫不堪。

水从高原流下，由西向东。渤海口的一条鱼在逆流而上，它的游技很精湛，因而游得很精彩，它一会儿冲过浅滩，一会儿又划过激流。它穿过了湖

泊中的层层渔网，也躲过了无数水鸟的追逐。它不停地游，最后穿过山涧，挤过石隙，游上了高原。然而，它还没来得及发出一声欢呼，瞬间就被冻成了冰块。

若干年后，一群登山者在高原的冰块中发现了它，这条鱼还保持着游动的姿势。

这条鱼是一条勇敢的鱼吗？回答当然是肯定的，但是，盲目的勇敢也令它走向了极端，它根本没有考虑自己的能力，便一味地向前冲，最终只有失败。道理很简单，那些好高骛远的人，的确是有勇气的人，但他们把自己的理想设计得高不可攀，哪怕费尽所有心思，精疲力竭也够不着，因为他们根本不会把理想与自己的实际力量在一定范围内联系起来。

人需要有梦想，而梦想贵在实际。如果所谓的梦想不过是一夜暴富、天上掉馅饼的虚幻好事，那么这样的梦想带给人的只能是浪费时间的白日做梦和对现实生活的种种不满。

她是个普通的女孩，或许连普通都算不上，因为她没有漂亮的衣服，没有美丽的容貌，就连学习成绩都非常一般。在众多同学当中，她显得十分不起眼。即将面临毕业的时候，她的同学们个个摩拳擦掌，准备在社会上大展拳脚，成为社会精英，然而她却没有这样的想法。在她看来，自己能力一般，很难在众多条件优越的员工当中脱颖而出。

毕业之后，她开始了"练摊"的生活，虽然很多同学都看不上这样的生活，但是她觉得自己没有家庭背景，也没有良好的物质条件，想要在城市当中立足就要实际一点儿。就这样，当她的同学在写字楼当中拼搏的时候，她在街边经营着自己的小生意。

几年的时间过去了，她的同学有的升了职，加了薪，有的原地踏步，各有各的变化，而她已经不再摆摊了，她有了自己的服装店，店面的位置还算不错，她也找到了心爱的人，建立了一个家庭。日子算不上大富大贵，但也过得闲适自在。

每个人都有不同的人生轨迹，每个人的起点高度也是不同的，所以人们应该想着怎样走自己的路，而不是怎样走上最光辉的路！

一个人要走出不同凡响的生存之路，靠天马行空的幻想是不行的。只有确立切实可行的目标，踏踏实实地做好该做的工作，学会该学会的知识，才是人生的首要选择。在选择目标时，如果超出了自己的能力，那就适当放弃一些，这样才能使生活更有效率和意义。舍弃掉不切实际的目标，人生才会有更多收获。

## 4. 不求一步到位，从最容易实现的目标做起

成功是一步步走出来的，罗马也不是一日建成的。只有夯实基础，万丈高楼才能更牢固；只有扎好根基，千年大树才能枝繁叶茂。

一口吃不出个胖子。追求成功的路上，最怕的就是急功近利、一步到位的心态。行百里者半九十，很多人就是因为一步到位的心态太重，结果本已接近目标，却因为之前朝着这个目标跑了太久，付出了太多而疲惫不堪，最终放弃。

人们常说，"心急吃不了热豆腐"，又说"功到自然成"。看看那些古树，

虽然经历了千年风雨，仍旧枝繁叶茂，那是因为它们把根基扎得比较深。其实，我们做人做事又何尝不是如此呢。成功来自于不断地积累，如果一味地追求速度，那只会适得其反，看看那些成功人士，有哪个不是这样一步步走出来的？

达·芬奇是一个传奇式的人物，他在很多方面都有突出贡献，不过最让人熟悉的还是他不朽的名画，比如《蒙娜丽莎》，比如《最后的晚餐》。

他从小就显现出了绘画的天赋，但是他真正成为绘画大师前仍旧经历了漫长的旅程。他的父亲发现了达·芬奇的绘画天赋之后，将他送到了名师的门下。名师让他画鸡蛋，每天如是。年纪尚小的达·芬奇有些不乐意了，他想要学画，他的目标是成为绘画大师，画出千古名作，而不是每天都对着鸡蛋！

老师看出了达·芬奇的不满和焦躁，他这样告诉达·芬奇："世界上没有完全相同的两个鸡蛋，我现在要你观察，画出它们各自的特点。不要去想以后，要画好你眼前的每一幅画！"在老师的教导下，达·芬奇静下心来作画，日复一日，最终，完成了他的梦想，绘制出了传世佳作！

我们并非超人，都不会飞，想要接近梦想，就要从眼前的路开始走，只有一步一个脚印，才能接近最终的梦想。如果达·芬奇好高骛远的话，很可能就不会有今天这样的成就了。

当今社会竞争日益激烈，生活节奏也不断加快，人们承受的生活压力可谓是越来越大，有时难免受挫碰壁，处于人生的低谷。在这样的境遇当中，我们常常不知所措，仿佛人生的列车在某个岔口转错了方向，总不能抵达我们所追求的目的地。而若想要在这样的厄运之中获得转机，就要调整自己的心态，先从简单的目标开始完成，如此一步步向前，总能最终接近目标。

有一个年轻人在路边看见一个蛹，想到美丽的蝴蝶会破茧而出，他就激动不已，为了观察蝴蝶蜕变的过程，他将这个蛹当宝物一样带回了家。

回到家之后他每天都悉心观察，直到有一天他看到这个蛹裂开了一个缝隙，这个发现让年轻人非常激动！蝴蝶马上就要飞翔了！果然，裂缝不断变大，蝴蝶开始拼命挣扎。然而很长一段时间过去了，仍旧不见蝴蝶破茧而出。这个孕育它的蛹反而成了蝴蝶的阻碍。年轻人心中焦急，忍不住帮了蝴蝶一把。他将蛹撕开，蝴蝶顺利地出来了。

虽然蝴蝶破茧而出了，但是它没有像年轻人想象的那样飞舞，因为它没有凭借自己的力气离开自己的蛹，所以翅膀不够有力。它努力很多次也无法起飞，只能做一只爬虫了。


因为急于看到蝴蝶飞舞，本以为是出手相助，却害了蝴蝶。这正是欲速则不达的最佳诠释。任何事情都有一个从量变到质变的积累过程，如果总想跳过量变直接追求最终的结果，只能是竹篮打水一场空。

任何伟大的成功，都是一点一滴积累出来的，一场足球比赛中的进球，是从后卫到前锋的配合传递所缔造出的，如果后卫断下球后不是想着传好当前这脚球，而是急于带球进攻直接射门，那么不仅难以取胜，就连足球的魅力都要大打折扣。

人人都希望可以一步到位，都希望得到成功的垂青，然而现实当中的成功从来不会是一夕降临的。没有十年寒窗以做完每一道题为目标，以通过每一次小测试为目标的积累，又怎能最终考入理想学府；没有艰辛的训练，以完成每一天的任务为目标，以在每一次小型比赛中获胜为目标的反复付出，又怎能有运动员在国际赛场上的英勇表现？

一步到位的心态是不可取的。人所能迈出的每一步都很小，而只有靠这千千万万的小步累积，才能有最终的一大步跨越。

## 5. 为目标分段，每一段都是一次激励

不积跬步，无以至千里；不积小流，无以成江海。其实我们的成功之路也是一样，纵观那些居高位的人，他们不一定有很高的起点，也不一定一夜成名。他们靠的是一个切实可行的目标以及坚持不懈的努力。其实每个人都一样，成功并没有想象中那样遥远，只要我们完成眼前的目标，那么就一定可以更接近成功一步。

在 20 世纪 80 年代的时候，东京举办了一场国际马拉松比赛，这次获奖的不是种子选手，而是叫作山田本一的"黑马"。对于这个名不见经传的人物媒体争相采访，当被问及获胜秘诀的时候，山田本一坚定地回答是凭借自己的智慧。

故弄玄虚的人太多了，媒体都认为他不过是敷衍而已，一次偶然的成功并不能说明什么。很快地，他就淡出了公众的视野，被媒体遗忘了。

两年之后，国际马拉松大赛在意大利举行，让人想不到的是，这次夺冠的仍旧是不被媒体看好的山田本一！一次的成功是偶然，连续夺冠一定不一般。但是在媒体的镜头面前，山田本一的回答仍旧一样，"凭智慧取胜"。一场体力和耐力的较量，和智慧有什么关系呢？人们对此感到非常好奇，然而始终没有得到答案。

转眼十年过去了，山田在自己的书中解开了"智慧"的秘密，他这样说

道："在每次比赛之前，我都会提前到场，勘测线路，之后我会选择不同路段的标志性建筑，比起遥望终点来说，眼前的目标让我更加有动力，在每个目标完成之后，都代表着我离成功更近了一步。比起全程来说，小目标让我觉得轻松而容易实现。在此之前，我总是会被遥远的终点震吓住，往往跑了没多久就失去信心，满身疲惫了。"

因此，在奔赴成功的艰辛路途中，我们绝不能好高骛远，我们要充分了解自己的能力，在自己的能力范围内创造奇迹，如果制定一些不切实际的目标，只能让自己未来的路越来越坎坷，哪怕你能克服这些挫折，也永远达不到终点，因为，你给自己设计的只是一座"海市蜃楼"而已。

面对生活，不能做到为目标分段，一步一个脚印地踏实努力，就会不断地"吐苦水"，在这样的过程当中，往往会消磨自己的意志力，苦水越吐越多，负面情绪越来越膨胀，时间久了，别说实现目标了，就连生活下去的勇气都消失不见了。

所以说，达成目标的最好方法就是从眼下开始，水滴石穿，只要踏实地努力下去，那么自己的能力一定能够得到提升，离目标自然越来越近。

美国有一位高龄老人，退休后徒步走遍了整个美国，这个消息被报道后，各国记者蜂拥到老人家中，询问他是如何做到如此困难的事，老人不理解地问："我不明白，你们为什么要问这个问题？"

"因为在您这样的年龄是不可能做到这件事的！"记者说。

"为什么不可能？只要一步一步走，谁都有可能走遍美国，走路不就是这样吗？"

美国国土面积广阔，年轻人想要走遍都要花费大量的时间和精力，一位高龄老人在退休后做到这件事，在常人看来是个成就，在老人自己看来，却是件再平常不过的事，他认为任何人只要一步一步坚持走，都能走遍美国。

做人如水，便要懂得目标分段，一步一步向前。山间小溪不会直接入海，而是先汇入小河，再汇入大江，最终奔腾汇聚，融入大海。人也一样，饭要一口一口吃，路要一步一步走。当这每一个阶段的目标逐个实现，便是最终的无限天地宽。

每一个人在确定远大理想的时候，都会有忐忑不安的心情，谁也不知道自己的能力会发挥到什么地步，自己会做出什么样的成就，这种设想也带着对失败的担忧。但是，如果将这遥远的目标划分为可以一步步完成的切实可行的计划，那么梦想便不再遥不可及。再长的路，只要一步一步走，总有走完的一天，怕的是人心里的倦怠情绪。而如果将长路分成一个个短期可及的目标，那么人就总有动力，总能走下去。

分解你的目标，坚定你的脚步，只有这样，才能在追逐梦想的道路上前行不辍。


## 6. 条条大路通罗马，九曲黄河入汪洋

在我们所生活的世界，不同的季节有不同的风景，不同的地域也有不同的景致。我们生活在一个多元化的世界中，人生也是如此，通向成功和幸福的道路不止一条，当我们在前进的道路上遇到无法逾越的阻碍时，不要灰心丧气，更不要放弃终点。其实也许只要拐一个弯，就能走上另一条通往目的地的秘密小径。

人当如水，河流在入海的路上遇到巨石山川拦路时尚懂得蜿蜒而行，人又怎能不懂这个简单的道理。

在生活中，有许多问题和情况是我们之前没有遇到过的，在面对这些问题的时候，很多人总是喜欢按照既定的方法或常规的思路来解决。

诚然，经验确实可以省掉很多麻烦，但是同样会让我们形成一种思维定势。在没有解决问题的经验，或者找寻不到这方面的经验的时候，我们就会茫然失措，忘记了还有其他更好的解决方法。

他出生于1547年西班牙的一个贫困家庭里，父亲是外科医生。因为生活困难，他和他的兄弟不得不跟着父亲过着颠沛流离的生活。在他的童年生活中，他仅受过中学教育。

1571年，他到了意大利成为了某红衣主教的随从，其后便从军服役，参加了著名的勒班多大海战，在这次战争中，他受了重伤，以至被截去了左手。之后他返回西班牙，然后闯入政界。

然而，命运却似乎总喜欢与他作对，由于率性真言，在政界里他得罪了不少人，不免屡遭政治是非牵连，受挫受冤而数次被投进监狱。从政的路，没有给他带来一官半职，反而让他更加穷困潦倒。

他看到曾经跟他一起学习、当兵的人，如今不少都混得不错，有的还发了财，可他却一事无成。他不甘心，不想就这样平庸到死，他决定奋然一搏！于是，他又投身商海，雄心勃勃地涉足多个领域。然而，也许真的是命运多舛，他再一次失败了，不仅血本无归，还债台高筑，为了躲避上门讨债的债主，还弄得有家难回。

在别人看来已白发满头、穷途末路的他，心里却仍然燃烧着发迹的梦想。究竟做什么呢？几经斟酌，他把目标锁定在了充满自信的写作上。因为他在跟随红衣主教游历国外传教时起，便阅读了大量的文艺复兴时期的作品，为写作奠定了一定的基础。然而，在别人看来，他一样不会有一个好结果；有的人甚至在他的背后讽刺他说，只有中学文化而且已经土埋大半截的人想写书，真是不知天高地厚。

不管别人说什么，他都不去计较，激情澎湃地创作小说。谁也不会想到，他理想的航船终于奇迹地抵达了胜利的彼岸。他向世界奉献出了一部穿越时空、跨越国界、深受全球无数读者喜爱的经典长篇小说《唐·吉诃德》。

他，就是西班牙作家——塞万提斯。

从塞万提斯的故事我们可以看出，生活中总会有磨难，我们有时几经周折也不能如愿以偿。这时候，我们要做的就是不断地变换思路。一条路堵死了，也许转个弯就能找到另一条通向光明的道路，给你带来意想不到的成功与收获。

条条大路通罗马。不要为一条道路被封闭而苦恼，要知道，当上帝关起一扇门的时候，同时也会开一扇窗。李白经历了仕途失意才成为一代诗仙，玫琳凯女士年近半百时突被降职才创办了化妆品帝国，诺贝尔化学家获得者奥托·瓦拉，先后学习了文学、油画都被认为毫无天赋之后才最终转投化学。

一条路行不通，就换一条路，慢慢地摸索出方向，让自己朝着目标前进。作家海明威说："生命可以被打倒，就是不可被征服。"人生只要有梦，只要敢于认清现实，改变思路，我们总能找到一条通向成功的路径。

九曲黄河入汪洋。问题的解决方式不是唯一的。当你一再遭受挫折和失败后，不禁心灰意冷，沮丧失望，当你哀叹时运的不济、命运的不公的时候，要想一想，是不是自己的思维把自己前方的路给阻塞住了，要明白：通向成功的路不只一条。

## 7. 转个弯，或许前途开阔

河流不会为石而阻，当前进的路上遇到障碍时，河流懂得转个弯，如此便是开阔天地。人生道路也是如此，当我们以为走进了死胡同时，转个弯，就能看到"山重水复疑无路"之后的"柳暗花明又一村"。

很多一时看似没有出路的困境，只要换个角度，说不定就能找到出路。但我们往往被自己思维的惯性所困，因此封闭了自己另寻出路的可能。其实，只要将心放宽，学会洒脱随心的人生态度，就会发现，昔日的绝境不过是自己钻了牛角尖，退一步便海阔天空。

就像数学家高斯，他小时候，当老师让算 1 加 2 加 3……一直加到 100 时，他没有像别的孩子那样一个个加起来，而是将头尾数字两两相加，如此另辟蹊径，将一道原本复杂的问题快速解决。其实生活中处处都充满这样的智慧，当困境到来时，不要死求一种解决方式，不要钻牛角尖，换个心态，换种方法，你会发现，本以为会压垮自己的难题竟也可以轻松面对。

在一场瘟疫中，死神因太过劳累，靠在路旁休息。这时，一个好心的年轻人跑来安慰他。死神见年轻人善良老实，就将他收为徒弟。他教给年轻人非常厉害的点穴手法，只要在病人身上的穴道上点几下，那么病就可以治好了。

之后，死神对年轻人说："现在你可以去治病救人了，不过我只给你一部分的权限，如果有个人是注定要死的，那么我就会站在病人头的一侧，这个时候你就不能救治他；反之，如果我站在病人的脚旁，你就可以救活他了。

如果你违背了这个原则，救了将死之人，那么你就要用自己的命来换！"

年轻人一直遵循着死神定下的规矩，没有逾越过，也救活了很多人。直到有一天，他遇到了一名病重的公主，年轻人犯难了。因为在他准备救治的时候，看到了死神站在公主的头旁。

年轻人实在是很喜欢公主，决定要救活她，但是死神站在公主的床头，怎么办呢？年轻人冥思苦想了一段时间之后，对国王说："陛下！请叫人把公主的床换一个方向，这样我就能把公主治好。"

虽然不知道移动床有什么作用，不过国王还是吩咐手下这样做了。如此一来，死神的位置就变成了在公主的脚旁，年轻人在没有违背死神定下的规矩的同时救活了公主。而且死神对他也无可奈何。接下来，年轻人迎娶了公主，过着幸福美满的生活。

或者违背自己对死神的承诺，或者背叛自己的爱情，在任何人看来这都是两难的抉择，也是无法两全其美的问题。然而，年轻人没有钻牛角尖，他没有抱怨命运，也没有敌视死神，而是想办法换个角度看待问题，最终他也找到了完美的解决方法。

人生没有绝对的绝境，怕只怕心里钻了牛角尖，不懂得转个弯，或暂且退一步。如果懂得变通一下，也许迎接我们的就是无限天地宽。

金庸先生在他的著作《天龙八部》里写了这样一段故事：

聪辩先生的师父留下了一个无人能破的棋局。为了解开这个棋局，聪辩先生广发英雄帖号召天下好汉一起来破解这个棋局。

几个棋艺精湛的武林高手先后挑战这个棋局，却都无法破解，甚至被这棋局弄得走火入魔险些丧命。

就在大家灰心丧气正要断定这个棋局无解的时候，一个名叫虚竹的小和尚却下了一招从未有过的棋——他在己方几乎被对方堵死的地方添上一子，结果当下憋死了自己十余个子。然而就是这样一招，却使得局势瞬间逆转，原本无解的棋局就此解开，虚竹还得到了聪辩先生师父传授的武功。

这虽是小说里的情节，道理却是相通的。无路可走时，换个角度、换个思路，才能发现人生的大有可为。

人在世间，常有很多的不如意，很多的不稳定和变故。遇到这样的时候，我们常常陷入负面的情绪，只反复诘问："为什么总是我？""为什么世界对我这么不公平？""为什么就没有人能理解我？"若如此，我们只能在自我厌恶和敌视他人的道路上将自己逼入死角。面对人生中的不如意，若能转个弯、换个角度看问题，不钻牛角尖，很多烦恼和痛苦其实都可以避免。

当遇到"山重水复疑无路"的特定时期时，不钻牛角尖，打破传统的思维，多一点儿创造性思维，该转弯时就转弯，那么问题往往便可迎刃而解，出现"柳暗花明又一村"的景象，许多事情也都能变不可能为可能，甚至能变坏事为好事，如此也就没有什么烦恼而言了。

## 8. 为思维分流，让灵感闪现

我们的人生中常常有无可排遣的痛苦，比如恋人的分离，比如婚姻的破碎，比如亲人的离去。这样的时候，无论怎样的大道理都无法安慰我们，而能加速这痛苦周期过去的方法，就只有去做些其他事情来分散我们的注意力，让我们暂时忘却痛苦，并在暂时的欢乐中逐渐重新获得对生活的希望。

而这样的方法，恰恰是思维的分流。

在广告策划、影视制作、设计等要求创意的行业中，有一种集体创作的方式相当普遍，被称为"头脑风暴"。每个参与的人都说出自己的想法，大家的想法相互碰撞、刺激，就会不断在原有的基础上生出新的灵感和创意。很多优秀的作品灵感都是如此产生的。"头脑风暴"之所以有这样神奇的力量，就在于它在交流中打破了每个人的固有思维模式，将原本一线的思维分流，灵感也就随之而生了。

当我们面对生活中的问题的时候，我们没有一个团队来为自己进行"头脑风暴"，这时候，我们就需要自己给自己的思维分流，不钻牛角尖，生活才能向更平顺、更幸福的方向前行。


小月和初恋情人小卫是高中时的同学，他们一起考上名牌大学，使恋情从地下转为地上，一起留在北京工作，进入谈婚论嫁阶段，这期间两个人风风雨雨地走过了整整七年时光。

然而就在小月沉浸在对结婚的憧憬中时，小卫突然提出分手，而分手的原因是小卫爱上了别人。

小月怎么也没法接受这个现实，她不能想象和自己相爱相伴了七年的恋人竟然能这样绝情，说变就变。小月哭着跑去小卫的公司找他，给小卫的父母打电话，还整夜地站在小卫家的楼下就为了见他一面。然而小卫始终避而不见。

小月绝望了，她在过去七年中关于人生的所有目标和规划都是建立在自己和小卫在一起的基础上的，小卫的离开，让她觉得没有活下去的理由。于是小月服安眠药自杀，所幸被朋友发现得早，被救了回来。

经历了生死的考验之后，小月不再去想小卫，而是一心专注于自己的工作、生活，她开始健身，也时常买一些礼物送给自己，时间长了，她发现自己已经不在乎小卫的背叛了。她还重新遇到了一个和自己相知相爱的人。如今的小月有一个幸福的家庭，已经是一个孩子的母亲。当她想起自己的过去时，她几乎不能相信自己曾为小卫选择轻生，那时候她绝望地以为生活不会再幸福，现在回头，才发现不过是钻了牛角尖而已。

我们很容易像小月一样，因为太长时间陷在同一种生活方式里以为这就是全部的人生，不知不觉中钻了牛角尖。就像扑火的飞蛾，把火光当作生活的唯一希望，不顾一切地去追求，结果却将自己逼上了绝路，最终灰飞烟灭。

面对生活中的难题，不要死求一种解法。把思维分流在多种事情上，也许能获得新的领悟，从而解决之前的难题，而人生的智慧之光，也就由此闪现。

## 9. 如水蓄力，厚积薄发

人当如水，应懂得水的汇聚之力。无论是大江，还是宽广无边的海洋，无一不是一滴一滴细小水珠的汇聚。人生的精彩和辉煌也是如此，并不是来自"一朝成名天下知"的运气，而是一点一点的萤火之光最终汇成的银河灿烂。

世界著名的球王——无论贝利、罗纳尔多还是马拉多纳，谁不是先从替补做起，从冷板凳上的菜鸟新人逐步成为首发主力，然后成为球队主力，最终成为一代球王？

厚积而薄发。积累的过程是艰辛的，没有浪漫的成分，没有巨大的激情，没有掌声和鲜花；相反地，是种子在泥土深处萌发的孤独努力，是前进的脚步在泥泞的道路上留下的足迹，是迫使自己直面自己所有的缺点和不足的痛苦挣扎。但只有经历过这样长期的、充分的积累之后，才能有持久不衰的力量。

王安石曾写过一个《伤仲永》的故事。

仲永自小被视为天才，五岁便无师自通，可以即兴赋诗，出口成章。在还未接触书本学习作诗之前，他的诗已经颇有文采了。乡亲们对仲永大加称赞，他的父亲更是引以为豪。所有人都毫不怀疑仲永这样的天才日后必大有作为。

然而仲永并没有为他的梦想付出脚踏实地的努力，而是在父亲的带领下，每天在乡里四处拜访，到处表演题诗来挣钱。就这样，沐浴在"神童"光环下的仲永没有脚踏实地地去读书和提高。结果几年之后，仲永就和同龄人无异了，他的天赋完全消失了。

每个人都想一鸣惊人，一飞冲天。然而若没有长期的积累，又怎能有瞬间的爆发？

我们总是羡慕那些光鲜亮丽的人生，羡慕那些似乎可以轻易获得众人的眼光和称赞的人。然而俗话说"台上三分钟，台下十年功"，如果不是人后做了长足的准备，又怎能有人前的辉煌？

非洲草原上最高的茅草名为"尖毛草"，有"草原之王"的美誉。

这种草的生长过程十分特别，在生长的前半年里，它始终是草原上最矮最不起眼的小草。直到后半年雨水期一到，它便抓住这个机会，在短短的三五天里飞快地长到一两米高。

原来，在最初的半年里它并不是不生长，而是将所有营养聚集在根部，一直向下生长。雨季到来前，虽然在土面上的不过一寸，但根在地下可以长达 28 米。就这样，在聚集了地下 28 米的能量和养料后，它便一发不可收拾，一跃而成为草原之王。

成功是急不来的。它需要付出、能力以及机遇。当机遇到来的时候，是否能够抓住机遇，就要看平日的积累是否足够。

有人也许会问，你总是强调不断地积累，可是我们什么时候才能成为成功者呢？其实，成功者大多是从最底层的工作做起的，但不管做什么，都能从中不断学到新的东西，积累为自己的财富和能力。这也就意味着，想要靠近成功，就要抛却心中的烦躁，要耐心地工作，脚踏实地地积累。

任何事情都需要过程，眼高手低不能抓住机遇。厚积才能薄发，唯有踏实肯干，能力有所提升，你才能在众多竞争者当中脱颖而出。

# 第八章 / 如水的低调：
## 随弯就曲，自然行云流水

如水曲达，自然低调。唐代诗人刘禹锡曾感叹："长恨人心不如水，等闲平地起波澜。"水从高处来，只向低处流，最后归入大海，贵在平静低调，顺势而为。人生也当如此，没有奢望，保持平常心，低调隐忍，终将会迎来海阔天空、成就丰功伟业的那一天。

## 1. 水善处下，故大海能为百谷之王

《庄子·秋水》中说："天下之水，莫大于海，万川归之，不知何时止而不盈；尾闾泄之，不知何时已而不虚；春秋不变，水旱不知。"意思是：天下的水，没有比海更大的了，千万条河流流入大海，不知什么时候停歇，可它不满溢；尾闾排泄它，不知什么时候停止，可它不虚空；无论是春天还是秋天不见有变化，无论洪水还是大旱都不会有知觉。

海纳百川，有容乃大。正是因为大海能够容纳各种小溪，才能成就博大。做人也是如此，只有谦虚、低调，才能如水般融入自然，融入社会。

谦虚是做人的一项特质。契科夫说："人应该谦虚，不要让自己的名字

像水塘上的气泡那样一闪就过去了。"苏格拉底也说："谦逊是藏于土中甜美的根，所有崇高的美德由此发芽滋长。"越是饱满的麦穗，头低得越低；只有那些华而无实的秕子，才昂起高傲的头颅。越是真正有智慧的人，越懂得内敛、低调的道理，他们善于隐藏自己，不会稍有名气就扬扬得意；而那些胸无点墨、毫无智慧的人，才喜欢到处炫耀自己的才华，卖弄自己的成绩。

晋襄公有个重孙叫晋周。晋周从小受到父亲的教导，养成了良好的品性，他待人接物谦逊有礼，从未有不合礼数的举动发生。

在当时，晋献公宠信一名叫骊姬的妃子，很多正直的大臣和皇族都受到了迫害。晋周虽然没有跟别人争太子的资本，却也成了被迫害的对象，为了逃避眼前的困境，晋周来到周朝，投奔单襄公。

单襄公是周朝有名的大臣，此人学问渊博，待人宽厚而又严厉，是周天子和各国诸侯王公都很尊敬的人。

单襄公每次出门，晋周总是陪伴在侧，有时候甚至会规规矩矩地站在老师后面几个时辰，眼观鼻，鼻观心，恭恭敬敬的，一点儿不耐烦的神色都没有。

在单襄公空闲时，晋周经常向他请教。在交谈中，晋周所讲的都是仁义、忠信、智勇的内容，而且讲得很有分寸，处处表现出谦逊的精神。

虽然被祖国抛弃了，晋周仍然十分关心晋国的情况，一听到有不好的消息，晋周就默默流泪；一听到好的消息，他就为之欢欣鼓舞。很多人都觉得晋周很傻，笑他说："晋国都容不下你了，你为什么还这样关心晋国呢？"晋周回答："晋国是我的祖国，虽然有人容不下我，但不是祖国对不起我，我是晋国的公子，晋国就像是我的母亲，我怎么能不关心呢？"单襄公临终时，对他的儿子说："要好好对待晋周，晋周举止谦逊有礼，以后一定会做晋国国君的。"果然，晋国国君死后，大家都想到远在周朝的晋周，就请他回来做了国君，成为历史上的晋悼公。

晋周本来毫无继承大统的可能性，但他的谦逊征服了所有的人，最终成了一国之主，可见谦虚的力量有多大。

满招损，谦受益。有些人总是觉得自己什么都懂，什么都会，喜欢指责别人这儿不好，那儿不对，想以此来证明自己的博学。事实上，即使你水平再高，别人也不会尊敬你。每个人都是一个独立的个体，都是争强好胜的，你太过锋芒毕露，就会刺伤别人。所以，不管你的能力有多强，脑子有多聪明，你都得记住，谦虚才是成功路上最好的通行证。

一位鼎鼎大名的哲学家坐船过河，他看到船夫的年纪已经很大了，却还在吃力地划船，于是就对船夫说："喂，先生，你学过哲学吗？"船夫摇了摇头："实在是抱歉，我没有学过哲学。"哲学家撇撇嘴笑着说："那真是太遗憾了，你失去了50%的生命。"

过了一会儿，哲学家又问："喂，先生，你学过数学吗？"船夫还是摇摇头："抱歉，我也没有学过数学。"哲学家感到很可悲，说："太遗憾了，那你将失去80%的生命。"

话音刚落，一个大浪打来，船翻了，两个人都掉到了水里，船夫看到哲学家咕咚咕咚地喝水，便问他："先生，你学过游泳吗？"哲学家喘着气说："我没学过游泳。"船夫说："那实在是太遗憾了，你将失去100%的生命。20年前，我学过哲学，但没有学好；十年前，我学过数学，但现在也基本忘光了。不过值得庆幸的是，我学会了游泳，而且一直没忘。"

这个故事告诉我们，永远不要"好为人师"。要知道，好为人师的你在展现自己才华的同时，也否定了对方的能力，这样一来，你怎么能获得别人的认可和好感呢？

其实，在本质上，人和人是没有区别的，就像一名圣贤所说的那样："光滑的瓷器来自泥土，一旦破碎就归于泥土。"只有始终保持谦虚的人，路才能越走越宽；而骄傲的人，则处处树敌，处处碰壁。

老子说："江海所以能成百谷王者，以其善下之，故能为百谷王。"大海之所以能成为百川之王，是因为它一直处在最低的位置。这个社会上的成功人士，都是谦虚、低调的人。因为他们知道，只有谦虚的态度和低调的姿态才能获得良好的人际关系，成就完美的人生。

## 2. 静水深流，自成一番气度

水是这个世界上最柔弱也最刚强的东西。平静时，它可以默默地流淌；躁动时，它能摧毁万物，颠覆一切。所以，水有着厚积薄发的力量。

静水深流，意味着为人处世要虚怀若谷，不张扬，不虚荣。"宰相肚里能撑船"，"大肚能容天下难容之事"，只有拥有这样的气度，才能拥有长久的快乐，拥有成功的人生。

《菜根谭》中说："鹤立鸡群，可谓超然无侣矣，然进而观于大海之鹏，则涉然自小，又进而求之九霄之凤，则巍乎莫及。"山外有山，少人外有人，锋芒毕露容易遭人排挤，阻碍你的前进之路。只有静水深流，事事以"谦"字铺路，才能有所作为。

有一个天资聪颖的年轻人，大学毕业后去美国留学。回来后，他已经取得了博士学位。可是，尽管自己有响当当的文凭，却依然找不到满意的工作。没有工作，就没法生存，这样下去可不行。博士思前想后，终于想出一个办法来。

他把自己的博士和硕士学位收起来，以一个高中生的身份去求职。这个点子还真管用，不久，他就被一家公司录取了，做了一个程序输入员。这工作对他来说太简单了，不过他也没挑没拣，每天勤勤恳恳地工作着。

过了不久，老板发现这个新来的员工不同寻常，他居然能看出程序中出现的错误。当老板问起时，小伙子不慌不忙地掏出了自己的硕士学位证书。老板看后，便给他升了职。

又过了没多久，老板发现他在完成自己的工作之余，还会为公司提出一些很有建设性的想法，这让老板大吃一惊。于是，他又私下跟这位小伙子交谈。小伙子这次又拿出了自己的博士学位证书。

老板看后，方知自己将珍珠当成了泥土，于是便毫不犹豫地给他一个施展才华的职位。终于，这位博士得到了自己想要的。

这位博士的点子好就好在以退为进，暂时隐藏了自己的锋芒，这种做法看起来有些愚笨，却有效地保护了自己，等到时机成熟时，他便大放异彩，形象也变得高大起来了。

孔子在年轻的时候，曾经师从老子。老子对他讲过这样一句话："良贾深藏若虚，君子胜德容貌若愚。"即一个了不起的商人，深藏财货，而外表看起来好像空无所有；一个有修养的君子，内藏道德，而外表看起来好像是愚蠢迟钝。若是锋芒毕露，过度地展现自己的能力，是毫无益处的。

《史记》有云："胜，不妄喜；败，不遑馁；胸有激雷而面如平湖者，可拜上将军。"不管在什么时候，都要保持平静如水、波澜不惊的气度。胜了，不因喜悦而狂妄自大；败了，也不因挫折而灰心丧气，即使你内心有滚滚惊雷，表面上仍要像平静的湖面一样不起一丝涟漪，只有这样，你才能成为上将军！

静水深流是高超的生存哲学，只有深水才能做到静。著名作家金庸说："乐观豁达养天年，人要善于有张有弛，要像《如歌的行板》韵律一样，有快有慢，有动有静，使自己的身心得到平衡。我的心很静，无论遇到什么都心如止水，这样对健康很有好处。"

在生活中，我们都有这样的体验，安静的环境能够让人放松神经，而嘈杂的环境则会让人的思绪变成一团乱麻。古往今来，很多大贤大德之士喜欢隐居山林，就是为了远离喧嚣的尘世，寻找心灵的宁静与超然。只有心静，才能摒弃杂念，坦然面对一切，进入人生的新境界。

## 3. 顺流而去，顺势而行

水是大自然中最灵活的物质，它没有高山的坚硬，也没有白云的飘逸，但它却能渗透到任何一个细小的缝隙中，就是因为它的柔韧和灵活。

做人也应该如此。在生活中，有很多我们想要却无法得到的东西，如果一味强求，只能被撞得头破血流。倒不如洒脱一点儿，顺其自然，你会发现，没有它地球还是会照样转，太阳还是跟往常一样升起，一切的烦恼和忧愁也慢慢就烟消云散了。

西北地区的一个小山村常年缺水，一户人家在院子里放了一口大缸，用来盛接雨水。只见缸边有一个小姑娘正在生闷气，原来是村子里几个淘气的小孩子在这里玩儿水，把水搅浑了。可是每当她听到声音跑过来，小孩子都跑远了。

小女孩气得直流泪。奶奶看到这一幕后，笑着对她说："你的心怎么比水还混乱？那些淘气的孩子，你越是追赶他们，他们就越喜欢捣蛋。如果你不理他们，过不了多久，他们觉得没意思，就不会再来玩儿水了。"

听了奶奶的话后，小女孩再也不管那群孩子了。果然，渐渐地他们便觉得玩儿水没意思，去找别的东西玩儿了，而那一缸水也渐渐清澈了起来。

在人生的道路上，会时不时地跳出来一些"淘气包"，给你的生活添点儿乱，搅浑一缸清水。这时候，如果你能够坦然、洒脱以对，自然就会柳暗花明，获得从容淡定的人生。

古语云："天行有常，不为尧存，不为桀亡。"这句话的意思是：大自然的运行有其自身规律，这个规律不会因为尧的圣明或者桀的暴虐而改变。既然你没办法改变大自然的运行规律，那么你又何必为了无法控制的事情而生闷气、操闲心呢？

凡事不可强求，是你的，永远是你的；不是你的，你抢也抢不来。夸父自不量力，想要追赶太阳，结果饥渴而死。可见，如果违背客观规律，明知不可为而为之，必将走向失败。

山上有一座很老的寺庙，庙前有一片空地，光秃秃的。小和尚看后，觉得很不舒服，便对师父说："师父，快种点儿草吧，这空地太难看了！"

师父微笑着说："不急不急，等我有空了就去买点儿草籽。什么时候都能撒，急什么呢？随时！"

秋天的时候，草籽买回来了，小和尚和师父把草籽撒到了空地上。突然一阵大风刮来，草籽被刮走了很多。小和尚大叫："师父，不好了，很多草籽都被大风刮走了！"

师父微笑着说："没关系，被风刮走的都是空的，种了也不会发芽，不用担心。随性！"

草籽撒完后，有很多麻雀飞到这片空地上，啄食草籽。小和尚一边赶麻雀，一边喊："师父，很多草籽都被麻雀吃了！"

师父说："莫急，莫急，草籽很多，麻雀吃不完的，你放心吧，明年这里一定会变成一片草地！"

半夜，天降暴雨，小和尚起来一看，很多草籽都被大水冲到了沟里，空地上所剩无几了。小和尚哭着说："师父，这场大雨把草籽都冲走了，怎么办啊？"

师父说："没关系，冲到哪里就在哪里发芽。随缘！"

第二年，空地上果然有很多小草破土而出，原来没有撒到的一些墙角也长出了小苗。

小和尚高兴地跳起来，大叫："师父，我们的小草长出来了！"

师父点点头说："随喜！"


禅学告诉我们，只有保持一颗平常心，凡事顺其自然，才能过上洒脱、有意义的生活。如果你今天抱怨"这人对我不好"，明天抱怨"梦想与现实为什么总存在着差距"，那你只能深陷于失望的泥潭而不能自拔。

每个人的能力不尽相同，因此，不是每个人都有跟命运抗争的力量。所以，面对生活中的顺境和逆境时，我们都应当保持"随时"、"随性"、"随喜"的心态，顺其自然，从容不迫地面对人生。

总会有霞光四射的早晨，总会有温暖的午后，总会有绚烂的黄昏，保持一颗淡然的心，平静地接受命运的安排，你不但会快乐地度过每一天，还会获得意想不到的惊喜。

## 4. 博采众长，不耻下问

传说佛祖释迦牟尼曾问他的弟子："一滴水怎样才能不干涸？"弟子相觑，没有人回答得出来。释迦牟尼说："把它放到大海里去。"

俗话说："一个篱笆三个桩，一个好汉三个帮。"无论在什么时候，都不要认为自己不需要别人的帮助。自信是对的，但自负只能害了自己。只有善于发现别人的优点和长处，博采众长，才能尽快达到成功之巅。

人的一生是学习的一生。美国总统威尔逊曾经说过："学习是终身的事业。"壳牌石油公司企划总监德格说："唯一持久的竞争优势，或许是具备比你的竞争对手学习得更快的能力。"一个明智的人，会深知自己在某些地方还很欠缺，因而虚怀若谷、不耻下问；而那些容易自满的人，则扬扬得意，认为自己无所不能，结果只能被社会淘汰。

有一个留美的博士生，毕业后被分配到一家研究所工作，这个研究所里学历最高的是硕士生，所以他便成了学历最高的员工。

有一天，他闲来无事到单位后面的小池塘钓鱼，发现正副所长也在此垂钓。

"据说他俩只有研究生学历，跟他们俩有什么好聊的呢？"博士生这样想着，便没有过去打招呼。

过了一会儿，正所长对副所长说："我去趟厕所。"说完放下钓竿，轻飘飘地踏着水到对面上厕所去了。

博士生眼睛都看直了："不会吧？他会水上漂的轻功？"

正所长上完厕所，同样轻飘飘地踏着水走回来了。

又过了没多久，副所长也内急了，他站起来，踏在水面上，慢悠悠地走过去，去对面上厕所了。

博士生这下完全愣住了："难道我到了一个江湖高手集中的地方？"

夕阳西下，博士生也内急了。可是要绕过池塘去厕所得走很远的路，而且正副所长就在旁边眼睁睁地看着自己呢。

博士生想了想："他们能踏水过去，我堂堂一个博士生肯定也能过去。"

博士生站起来，脚往前一迈，咕咚一声，掉进了池塘。

正副所长赶快跑过来，救起了博士生，问他："你为什么要跳水呢？"博士反问道："为什么你们可以从容地从水上走过去，而我不能呢？"

两位所长哈哈大笑，正所长说："这水里有一排木桩子，由于这两天多雨，水涨高了，淹没了木桩，但我们都知道木桩子的具体位置，所以可以很轻松地踩上去。你不明白情况，怎么不问问呢？"

人生如逆水行舟，不进则退。即使你的学识再高，也要甘当小学生，不断地向别人学习，这样才能把握住一些好的机遇，为自己的成功奠定基础。

然而，在现实生活中，碰到问题敢于不耻下问的人却不多，这都是"面子心理"在作怪。中国人好面子是出了名的，面子仿佛是中国人利益、尊严的代名词，所以，敢于放下身段向别人请教的路途就变得极为坎坷。

因此，我们在生活中常常会看到一些不懂装懂或者死撑着的人。其实，金无足赤，人无完人，人都是有优点和缺点的，为了学到别人的绝技，不耻下问、自降身价又有何不可呢？

五代南唐有一名画家叫钟隐，他出生在一个富贵家庭里，从小衣食无忧。此人非常喜欢画画，曾经拜过好几个老师，年轻的时候便很有名了。

钟隐有了名气也不满足，还想有更深的成就。一次，一位朋友跟他说："我的表兄郭乾晖很擅长画花鸟。有一次，他画的牡丹竟然把蜜蜂给招来了。不过这个人性格很怪，从来不让别人看自己画画的过程。"

钟隐非常想拜郭乾晖为师，可一直苦于没有机会。一天，他听说郭乾晖家里正在招仆人，便心生一计，换上下人的衣服，去郭家当了一个伙计。

在郭府，钟隐每天端茶送水，锄草浇花，什么活儿都干。他从小没干过什么活儿，所以几天下来累得腰酸背痛。唯一让他感到高兴的，是他在郭家看到了郭乾晖的画。

钟隐想尽办法，坚持不离郭乾晖左右，总希望亲眼看到他作画。但每次作画，郭乾晖都会把门关上，禁止任何人进屋，钟隐实在无法可想。

不久，郭乾晖知道了钟隐偷学画的事，便叫他来到书房，一问，果然是钟隐。郭乾晖很有感触地说："你为了学画，不惜卖身为奴，我实在是不敢当。现在世风日下，像你这样谦虚的人太少了。从今以后，你就好好跟着我学画吧！"

钟隐的坚持终于感动了郭乾晖，成为了他的关门弟子。郭乾晖也毫无保留地把自己的画画心得教给了钟隐，后来钟隐遂成为一代名家。

学历只能代表过去，只有学习能力才能代表将来。一个不善于向别人学习的人，不管你眼下有多优秀，只要你拒绝学习，就是拒绝进步，你的人生道路就永远不可能顺畅。

不耻下问是一种好习惯，只有将自己的心态归零，永远把自己放在一个最低的位置，才能获得源源不断的动力。孔子博古通今，可他依然很虚心地向别人求教。有一次，孔子去太庙祭祖，一到那里，他就向身边的人问这问那。有个人觉得很奇怪，问："您这么大的学问，怎么还要问别人问题呢？"孔子笑着说："每事必问，有什么不好？"这人心想："孔夫子常向别人求教，也并不以为耻辱呀！"连"万圣师表"的孔子都能够做到不耻下问，你为什么不能呢？

## 5. 细水长流，勿争一时之气

老子说："上善若水，水善利万物而不争，此乃谦下之德也。"拥有大智慧的人，应该像水一样。水造福万物，滋养万物，却从来不与万物争高下。

惠普公司的总裁兼 CEO 梅格·惠特曼说："不要处处贪功，如果你周围的人好事多多，好事也终会降临到你头上。"凡事不贪功，不争抢，你才能赢得更多的尊重。

《不争赋并序跋》中有这样一段话："夫与世无争，则天宽海阔也！云淡心高，一品风流。与时无争，则福寿绵长也！让道于盲，积善心安。与利无争，则锦帛咸至也！金玉盈门，富贵自来。与名无争，则美誉来归也！桃李不言，下自成蹊。与权无争，则神鼎天授也！一匡寰宇，四海归心。与功无争，则勋业垂成也！封邑万户，位列三公。与命无争，则得失淡定也！荣辱无碍，物我两忘。与人无争，则中庸和谐也！鱼水人生，血乳交融。与地无争，则万物滋生也！四季有序，五谷丰登。与天无争，则盛世亨通也！歌舞升平，太平大治。"

不争，表面上平静如水，底下却暗涌波动。很多成就大业的人士，都是不计一时之荣辱，本着"吃亏是福"的精神，才换来了一番惊人的事业。

因为房屋装修的原因，约翰不得已只能去附近的一个小旅馆住几天。他随身带来一个皮箱，里面装了点儿换洗衣服，还有几本书。

到了晚上，约翰听到卫生间里有小动物爬动的声音。不久，他就看到一只老鼠从卫生间里跑了出来。它跳上了桌子，在上面蹦蹦跳跳。玩儿了一会儿，就又跑回卫生间了。

早上起床后，约翰对打扫卫生的服务员说："我的卫生间里有一只老鼠，昨晚吵了我一夜。"

女服务员瞪大眼睛，摇摇头说："不可能，我们这是星级旅馆，不可能有老鼠的。"

下楼后，约翰又对前台说："我的房间里有一只老鼠，我告诉服务员，她却不信。"

前台也笑着说："她说的没错，我们这里不可能有老鼠的。"

没办法，约翰只好去外面买了一个老鼠笼子，为了不让前台看到，他用报纸包起来，偷偷拿到自己的房间。

第二天起来，约翰发现老鼠已经在笼子里面了，睁着两个小眼睛，警惕地看着他。约翰笑了，他打算把笼子拎到前台那里，什么都不说，让他们看看事实。

但约翰转念一想："等等，我这样做，岂不是显得我很小气？是的，我

180

只想证明这个房子里有老鼠，从而消灭它。要是我把它拎到下面去，那别人会不会认为我心胸狭窄，无聊之极？"

这样想着，约翰便打开笼子，将老鼠放出去，看着它跑出了窗户，蹦蹦跳跳地往邻居的屋顶跑去了。

半个小时后，约翰退了房，出门的时候把空笼子交给侍者。大厅里所有的人都朝他微笑，约翰也笑容满面地推门而去。

英国有一位诗人说："我和谁都不争，和谁争我都不屑；我爱大自然，其次就是艺术；我双手烤着生命之火取暖；火萎了，我也准备走了。"不争和退让是一种灵活机动的战略战术，面对险恶的局势，我们固然应该有一种"宁为玉碎，不为瓦全"的精神，但当自己的能力无法与外界环境对抗时，选择不争一时、以退为进的方法，也是一种成功的生存策略。

郭德成是明朝的功臣，他还有一个身份，就是明太祖朱元璋宁妃的哥哥。郭德成生性豁达，善交朋友，而且非常喜欢喝酒。他弓马娴熟，在那个动乱的年代里，跟随朱元璋出生入死，立下赫赫战功。

朱元璋登基后，将原来的将领们纷纷加官晋爵。郭德成本来也可以享受这一殊荣，但他却拒绝了高官厚禄，只愿做一个普通的官员。

一天，朱元璋召见郭德成，问他："你的功劳无人能及，为什么不愿意做大官呢？"郭德成谦逊地说："陛下，我这个人脑子不灵光，整天喝酒误事，一旦做了大官，肯定是上对不起陛下，下对不起黎民，所以我才不愿做大官。"朱元璋听后，默默赞许，赏赐了他很多好酒。

又一日，郭德成来到御花园陪朱元璋喝酒。此时正值盛夏，院中景色优美，桌上酒香四溢。郭德成忍不住酒兴大发，多喝了几杯。朱元璋见他衣冠不整，憨态可掬，就笑着说："你看你头发都乱了，说话也结结巴巴，真是个醉汉。"郭德成摸了摸自己的头发，脱口而出："这些头发真讨厌，要是全部剃光了，那才痛快呢。"朱元璋此时闻言，很是生气，又不好当场发作，只得闷闷不乐，命其回家。

说完这句话，郭德成就后悔了。朱元璋本是乞丐出身，而且当过和尚，做了皇帝后，这些经历在朱元璋看来都是卑微可耻的，不能示之与人的。

回到家后，郭德成把心一横，将头上的头发剃了个精光，并穿上僧人的衣服，真的做起了和尚。朱元璋听说此事后，笑着对宁妃说："我以为你哥哥疯言疯语，没想到他真去当和尚了。"遂不追究。

后来，朱元璋大肆残杀开国功臣，郭德成因"发疯"在先，捡回一条命来。


在生活中，很多人就是因为太过执着于一个"争"字，而引来了无数的烦恼。明里争、暗地争、昨天争、今天争、小便宜争、大利益争……争来争去，争得鸡飞狗跳，狂风暴雨，本该属于自己的东西也失去了。

在电视剧《雍正王朝》中，雍正的一位谋士说："争是不争，不争是争，凡事不争，天下莫能与之争。"眼界开阔一些，心灵宽广一些，得失看得轻一些，才能活得更加潇洒一些。

当然，"不争"并不是劝人无所作为，而是告诉人们，凡事要顺其自然，不可强求。暂时退让一步，你就会由被动变为主动，等到时机成熟时，便可以一飞冲天了。

## 6. 流水不腐，舍而后得

佛语云："舍得，舍得，有舍才有得。"舍与得就像人的左右手、小船的两只桨，能分能合，能前能后，相辅相成。

在成长的道路上，我们总会碰到需要舍弃的时候。要想采集一束鲜艳的山花，就要舍弃舒适的屋子；要想成为一名运动健儿，就要舍弃早晨的懒觉；要想获得永远的掌声，就要舍弃眼前的安逸……你舍弃什么，就会得到什么。若是你真正把握了舍与得的合理尺度，就等于拥有了成功的钥匙。

一位商人的公司破产了，他心灰意冷，于是上山找到禅师，求他指点迷津。禅师说："后院里有一个压水机，你去帮我打一桶水来。"

商人应命而去，过了一会儿，他气喘吁吁地跑过来说："大师，压水机下面是个枯井。"禅师说："那你就去山下买一桶水吧。"

商人去了，半天后汗流浃背地回来了，禅师一看，只有半桶水。禅师问："为何只有半桶？"商人说："山路难行，半桶洒掉了。"

禅师说："可我需要一桶水，你再去一趟吧。"

商人又去了一趟，买了半桶水回来。禅师带他来到枯井旁，淡淡地说："倒进去。"

商人犹豫了一下，没动手。

"倒进去！"禅师又说。

于是商人就将那半桶水倒了进去。商人走到压水机旁，使劲压水，可是没有一滴水出来。

"倒进去。"禅师又命令道。

商人恍然大悟，将剩下的半桶水也倒了进去。果然，没多久，清澈的水便从压水机里喷涌而出。


孟子说："鱼，我所欲也，熊掌亦我所欲也，二者不可得兼，舍鱼而取熊掌者也。"舍弃次要的东西，你才能得到梦寐以求的东西。然而，在现实生活中，很多人都不愿意舍弃手头的利益，哪怕只是蝇头小利。西瓜也要抓，芝麻也要捡，最后只能什么都得不到。就像手握一把沙子，你握得越紧，它从你的指缝间流失得越快。

古往今来，有不少大贤大智者就是因为掌握了"舍得"的艺术，才成就了一番辉煌的事业：越王勾践"舍己荣辱，得沃土天下"；陶渊明舍弃了名利，才有了"采菊东篱下，悠然见南山"的豁达；王羲之舍弃了安逸，才成为一代书圣；李时珍舍弃了富贵，才有了《本草纲目》传世……今天的放弃，就是为了明天的得到。凡能成大事者，皆是敢于放弃之人。


有一个乞丐，他每天都要出门乞讨，寒来暑往，苦不堪言。可是十多年过去了，他积攒下来的粮食还只是一点点。乞丐很纳闷，决定弄个明白。

一天夜里，他躲在谷仓的一个角落，静静观察着。果然没多久，就看见一只老鼠跑出来，将他的粮食往洞里搬。乞丐很气愤，他大骂老鼠："富人家里有那么多粮食，你不去偷，干吗偏偏偷我的？"

没想到老鼠突然说话了："你命里只有八分米，走遍天下不满升。"乞丐问："为什么？"老鼠说："这可能只有佛祖知道了。"

第二天，乞丐收拾好行囊，决定去找佛祖问个明白。

有一天，他直到天黑才见到一户人家，便上前去讨点儿饭吃。好心的员外给了乞丐一些干粮和银子，并问乞丐为什么这么晚还在赶路？乞丐就说了他的命运，说要找佛祖问个明白。员外听后说："我的女儿16岁了还不会说话，拜托你去西天帮忙问问佛祖，这是什么原因。"

员外曾经发过誓说谁能让他的女儿说话，就把女儿嫁给谁。乞丐听了觉得反正都是去西天，顺便帮他问一下佛祖也好，于是他答应了。

乞丐风餐露宿，看到前面有一座庙，便决定进去讨杯水喝。庙里面有一个老和尚，挂着一根锡杖。老和尚满脸皱纹，但神采奕奕。乞丐向老和尚说明了自己的去向，老和尚赶紧拉着乞丐的手说："你到了西天，见到佛祖，一定要帮我问问，我已经修行了500年了，照例说早该升天了，可是为什么我还是飞不起来呢？"乞丐答应了。

再往前走，碰到一条大河，河里没有一条船，怎么办呢？就在这时，从水里忽然跳出一只大龟来，问清乞丐的去向后，就驮着他过了河。到了岸边，大龟说："你见到佛祖，一定要帮我问问，我已经修行了1000年，照例早该变成龙了，可为什么还是一个老龟呢？"乞丐点点头，答应了。

乞丐不知道走了多久，终于到了西天，见到了佛祖。佛祖说："我已经知道你的来意了，可是我很忙，所以只能回答三个问题。"

乞丐觉得自己的问题太不重要了，路上遇到的那三个人提的问题才重要呢。于是，他毫不犹豫地问了这三个问题。

佛祖笑着说："大龟没办法变成龙，是因为它的龟壳里有24颗夜明珠。如果把它的龟壳拿掉，取出里面的夜明珠，它就能变成龙了。"

"老和尚没办法升天，是因为他每天都拿着那根锡杖。他的锡杖是个宝物，往地上一捅，就会有清泉流出来。如果他扔掉那根锡杖，就能升天了。"

"员外的女儿不会说话，是因为她没有碰到如意郎君。等她碰到如意郎君，就会说话了。"

说完后，佛祖就消失了。乞丐想了想："得，还是回去接着乞讨吧！"

经过河边时，乞丐碰到了老龟，说明缘由。老龟很高兴，就把龟壳脱了下来连同里面的24颗夜明珠送给乞丐，然后它就变成龙飞走了。

上山碰到了老和尚，乞丐说了缘由。老和尚也非常高兴，于是就把那个宝贝锡杖送给了乞丐。老和尚马上就腾云飞走了。

乞丐来到员外家，正巧碰到员外的哑巴女儿在门口。哑巴女忽然大喊："那个找佛祖的人回来了！"员外很高兴，问乞丐："为什么我的女儿突然会说话了？"乞丐转述了佛祖的话，员外听后喜不自胜，将女儿嫁给了他。


爱出者爱返，福往者福来，当我们搬开别人脚下的石头时，也是在给自己铺路。有人说，世界上从来没有不幸的命运，只有死不放手的执着。懂得舍弃，是一种智慧，也是一种洒脱。小舍小得，大舍大得，不舍不得。学会舍得才能活得轻松，才能有所获得。

失去了这种东西，必然在其他地方有所收获。问题的关键是，你有没有一个乐观的心态，有没有摊开手掌的勇气。死守着一份不属于自己的幸福，即使你心力交瘁、身心疲惫，也不过是在折磨自己；只有及时走出死胡同，你才能看见更蓝的天空。就像哲人所说的："越早放弃旧的奶酪，你就会越早发现新的奶酪。"

人生看似复杂，其实非常简单，无非只有得与失两种结果。在某些情况下，生活会逼迫你不得不放下自尊，交出权力，抛下爱情。然而，舍得，舍得，有舍才有得。在你决定放弃的那一刻，你之前所承受的压力、劳累全部烟消云散，你会感觉到前所未有的释然，这不也是一种得到吗？

## 7. 随弯就曲，自然行云流水

水在常温下为液体，温度降至零度以下则为固体，升温至百度以上则为气体，升空为云，落地为雨。为了适应不同的河道，水会一直改变自己的形状，随弯就曲，直到流入大海为止。

人生如水，做人的道理也应该如此。俗话说："穷则变，变则通。"在碰到一些难以处理的困难时，一条道走到黑反而容易走上绝境，不如改变一下思路，换个角度去看问题，往往能够得到更多的机会。

克里斯朵夫·利瓦伊曾经是一位非常有名的演员，然而，一场突如其来的车祸把他变成了一个高位截瘫者。他伤心欲绝，整天闷闷不乐。

一天，他和家人一起开车去郊外野餐。汽车在九曲十八弯的山路上行走，他忧伤地望着窗外，不禁流下泪来。突然，他发现每当车子快要碰到前面的岩壁时，总会出现一块"前方转弯"的指示牌。转过弯来，路面依然平坦。

当"前方转弯"几个大字一次次地出现在他眼前的时候，克里斯朵夫·利瓦伊猛然惊醒，原来，不是自己没路可走了，而是自己忘记了转弯。

回来后，他坐在轮椅上，当起了导演。他的回归对于影视界来说是一颗重磅炸弹。没过多久，他就获得了喜人的成绩。不仅如此，他还用牙齿咬着笔，写出了自己的第一本传记。

在这本传记里，他意味深长地说："当不幸降临时，并不是前方没路了，而是提醒你，该转弯了！"

一往无前固然值得鼓励，但当前面出现万丈悬崖时，"一往无前"就变成"死路一条"了。学会转弯，才能突破人生的困境，才能走出一条阳光大道。

　　一位记者曾经采访一名著名的企业家："您认为成功的秘诀是什么?"他毫不犹豫地告诉记者："第一是坚持，第二是坚持，第三还是坚持，第四是放弃。"记者不解地问："为什么第四是放弃?"企业家说："如果你确实努力再努力了，还不成功的话，那就不是你努力不够的原因，恐怕是努力方向以及你的才能是否匹配的事情了。这时候最明智的选择就是赶快放弃，及时调整，及时调头，寻找新的努力方向。

　　有一对年轻的夫妇，他们的感情生活跌落到了冰点，为了挽回这段感情，两人相约去旅游一趟，如果能找回昔日的感情，他们就继续在一起生活，找不回就分道扬镳。

　　一天夜里，他们来到了一个人迹罕至的山谷里。这个山谷并没有奇特之处，唯一与众不同的是，它的南坡长满松、柏等树，而北坡只有雪松。

　　突然，天上飘起了雪花来。他们躲在帐篷里面，看着眼前这一幕，各自想着心事。渐渐地，他们发现，由于特殊的风向，北坡的雪总比南坡的雪来得大，来得密。厚厚的大雪压在雪松的肩上、身上，想把它压弯、压断。但每当积雪达到一定的程度时，雪松便缓缓弯下它的腰，把积雪一点点抖掉。其他的树则由于不能弯曲而很快就被压断了。南坡由于雪小，总有些树挺了过来，所以南坡除了雪松，还有柏树等树木。

　　妻子看到这一现象后，若有所悟地说："北坡肯定也长过杂树，只是不会弯曲才被大雪摧毁了。"

丈夫点了点头。忽然，两人好像同时恍然大悟，随即抱紧了彼此。丈夫兴奋地直流泪，他说："我忽然明白了，对于生活中的压力，我们不但要学会承受，而且还要学会弯曲，这样才能不被生活压垮。"

一对年轻的夫妇，通过一次浪漫旅行找到了一个人生真理，那就是：适当地弯曲一下，才能收获完美的人生。

在生活中，涉及生死的事情并不多，许多的矛盾和冲突都是由一些小事引起的。因此，我们应当懂得并敢于弯曲。小草懂得弯曲，所以它冲破了乱石的阻碍，从石缝中茁壮成长；精钢不懂弯曲，即使把它塑造成一把神兵利器，它也会在与人争锋中折断。

# 第九章 / 如水的能力：

## 刚性太强，以柔掩之

　　如水曲达，柔中有刚。如果你看过钱塘江的潮水，如果你看过黄河的壶口瀑布，如果你看过汹涌的海啸，你一定能被水的巨大威力所震撼。平时看似柔弱无比的水，在积蓄到一定程度后喷薄而出，摧山填海，无所不摧。人人心中都有一股力量，不必争强好胜，而是要伺机而动，一举成功。

## 1. 管理之道，一张一弛

　　做人做事，要学会张弛有度。俗话说："牵牛要牵牛鼻子，打蛇要打七寸处。"在与人交往的过程中，张弛有度作为两种交际策略，要综合使用。弛，体现了一种友善、和平、温和的态度；张，体现了一种刚强、威严、讲原则的态度。这两者灵活运用，则有助于提高我们的办事水平。

　　在跟下属相处的过程中，你既不能做老好人，也不能不做好人。总之，要让下属切实明白"爱之深，责之切"的道理，肯定会更加发奋努力。

　　在一家印染厂里，有一名叫吴慧的女员工，她来自一个特殊的家庭：父母亡故，姐妹五人中她是老大，其他的四个弟弟妹妹都没成年，在工作之余，她还要承担起照顾家庭的重任。但是，印染厂是三班倒，上下班时间不固定。因此，吴慧经常迟到早退，工作也没精神。她几乎每个月都要被扣发奖金，这对她的生活来说更是雪上加霜。

厂长知道这个事情后，便召开会议专门研究吴慧的问题。会上，厂长说："一个公司，不能没有制度，否则，公司就是一片散沙。但是，制度只是手段，而不是目的，我们在执行制度的过程中，一定要做到制度无情人有情。"

在这个会议上，公司上层一致决定，将吴慧从整理车间调到后勤工作，以便让她有时间照料家里的事务。而且，在完成工作的前提下，允许她迟到早退。得知这个消息后，吴慧激动得说不出话来。

正是在这种"制度无情人有情"的管理模式下，该厂的职工以最大的热情投入生产。


"抱薪救火，薪不尽，火不灭"，对待熊熊烈火，要用柔和的细雨去浇灭它；对待性格火暴的员工，同样要用和颜悦色的态度去感化他。

张弛有度往往是相辅相成的。做人不能太软，不然会给人"绣花枕头"的感觉。同样也不能太硬，以硬碰硬，往往会触犯众怒，使双方各有损失，事情也必然搞砸。只有张弛有度才能说服别人。


明朝有一位官员叫孔镛，此人爱民如子，且颇有计谋。

一次，孔镛被调任田州当太守。上任没几天，附近山上的强盗就下山来骚扰田州。官员们纷纷建议孔镛紧闭城门，等待救援。孔镛却说："这样撑不了几天，为今之计，只有向他们宣扬朝廷的恩威，才能化解此危机。"

孔镛不听下属们的劝告，单枪匹马出城去见强盗。强盗没想到这样一个文弱的老人居然敢单骑出城，感到很惊讶。

孔镛说："我是这里的太守，带我去见你们的寨主，我有话说。"

孔镛被带到强盗的巢穴，周围的强盗纷纷亮出兵刃，孔镛面不改色，说："我是这里的太守，还不快给我搬把椅子来！"

强盗们取过一个木椅放在大厅正中，孔镛不慌不忙地坐下，对寨主说："我知道你们以前都是善良的百姓，迫不得已才做了强盗。但是前任太守心狠手辣，要把你们赶尽杀绝。"

寨主一听，赶快跪下，求孔镛指点一条生路。

孔镛说："我这次来担任田州的太守，是要把你们当亲人看待。如果你们能听我的话，我就赦免你们的罪过。你们放我回去，我会给你们钱粮马匹，但你们以后不许再杀人放火了。否则，天兵一到，管叫你们灰飞烟灭。"

寨主大喜，流着泪说："只要您一直在这里当太守，我们就不会再杀人越货，骚扰百姓了！"

"君子一言既出，驷马难追。"孔镛拍着胸脯说。

强盗们感激孔镛的大义，便好酒好菜招待他，第二天，就放他下山了。

孔镛回来后，立即调拨钱粮衣物，给强盗们送去。从此，田州一片歌舞升平，再无强盗作乱了。


孔镛能够劝退强盗，正是运用了恩威并施的手段，动之以情，晓之以理，使强盗的内心受到震动。

刚柔之道在于刚可压柔、柔可克刚。若太柔即靡，太刚则折。所以得天地之道，宜刚柔相济，不可偏废。人性是复杂的，对待不同的员工，要采取不同的态度和策略。单单用处罚管理不好员工，单单用道德同样也管理不好员工，要学会德法并用，恩威并施，才能使员工有所触动，从而不断进步。

## 2. 要有点儿海纳百川的胸怀

有人认为，水是最柔弱的，任何东西都能改变它的形体和方向，它所拥有的就是一味地顺从。其实不然，水的这种生存方式不是顺从，而是宽容。正是因为水的宽容，它才能与万物和谐相处。

宽容，是一种心态、一种修养。懂得宽容的人，往往拥有大胸襟、大气度，在与别人发生矛盾时，不喋喋不休、抓住不放，在受到不公平的待遇时，能够忍辱负重，经得起误会和委屈。

林肯是美国最伟大的总统之一，南北战争胜利后，他打算任用一名敌方的将领作为军队统帅。这种做法遭到很多人的反对，林肯这样向他们解释："把敌人变为自己人有什么不好呢？我这样做既可以消灭一个敌人，而又能多得到一个朋友！"锱铢必较，你永远家徒四壁；放开胸怀，你拥有的是全世界。

"二战"期间，有一支美国小分队在森林遭到敌军的伏击，经过一番激烈的战斗，敌军退去了，可是这支小分队却只剩下了两个人。

这两个人艰难地在森林中前进，十几天过去了，还是不见大部队的影子。他们随身携带的干粮和水都快用完了，两人筋疲力尽，互相搀扶着向前走去。

这一天，他们又遭到了敌军的伏击，两人且战且退，摆脱了敌人。就在这时，走在前面背干粮的战士忽然中了一枪。幸亏这一枪只打到了这位战士的肩膀上，并不致命。后面的战士大叫着跑过来，抱着战友的身体，悲痛不已。

这名战士给同伴包扎好伤口，就背着他向前走去，也不知道过了过久，他们终于找到了大部队，得救了。

几十年过去后，那位曾经受过伤的战士回忆说："我知道是我的战友当时开的那一枪，他抱住我时，枪口还是热的，我知道他是想独吞我身上的干粮。这几十年来，我假装自己从来不知道这件事，也一直和他保持着好朋友的关系。有一天，他跪在我面前，流着泪求我原谅，我没让他说下去。我们又做了几十年的朋友，我宽恕了他。"

心理学家说："宽恕与快乐紧紧相连，宽恕是所有美德之中的王后，也是最难拥有的。"宽容是善待他人最好的方式，能够化解一切仇恨。人非圣贤，孰能无过？有的人在一时冲动之后犯下错误，那时候他已经愧疚不堪了，如果你不懂得谅解和宽容，而一味苛责，只会凸显自己的无能和短视。

寒山问拾得："如果世间有人无端地诽谤我、欺负我、侮辱我、耻笑我、轻视我、鄙贱我、厌恶我、欺骗我，我要怎么做才好呢？"拾得回答说："你不妨忍着他、谦让他、任由他、避开他、耐烦他、尊敬他、不要理会他，再过几年，你且看他。"

我们虽然无法增加生命的长度，却可以拓展生命的宽度。懂得宽容的人，会始终活在健康快乐之中；懂得宽容的人，会赢得别人的尊重和感激；懂得宽容的人，事业会节节上升；懂得宽容的人，会让这个世界充满爱。

## 3. 刚性太强，以柔济之

两块巨石相撞，结果只能是两败俱伤；而一块巨石与棉花相撞，则会被棉花轻松地包裹在里面。由此可见，以柔克刚往往能发挥四两拨千斤的力量。

老子在《道德经》里说："天下莫柔弱于水，而攻坚强者莫之能胜，以其无以易之。弱之胜强，柔之胜刚，天下莫不知，莫能行。"意思是：天下再没有什么东西比水更柔弱了，而攻坚克强没有什么东西可以胜过水。弱胜过强，柔胜过刚，遍天下没有人不知道，但是没有人能实行。

商容是道家开山鼻祖老子的老师，他在死前，将自己的学生老子叫到床前。

老子说："您还有什么要教诲我的吗？"

商容张开嘴，问："你看我的舌头还在吗？"

老子点点头："当然还在。"

商容又问："那么我的牙齿还在吗？"

老子看了看说："全部落光了。"

商容朝他微微一笑，说："你明白我想说什么了吗？"

老子想了想，欣喜地说："您是想告诉我，过刚的易衰，而柔和的却能长存吧？"

商容点头笑了笑，对他这个杰出的学生说："天下的道理几乎全在其中了。"

俗话说："百人百性，百人百心。"然而在中国历史上，很多性格火暴的人却被性格柔和的人利用，这就是"柔弱胜刚强"的道理。刚强的东西容易折断，柔软的东西反倒难以摧毁；最持久的不是刚强者，而是柔弱者。以刚克刚，两败俱伤，以柔克刚，马到成功。

中国有句古话叫"四两拨千斤"，讲的就是以柔克刚的道理。在这个世界上，人的性格千奇百怪，一些性情刚烈的人往往好激动，缺乏理智，凭借着一股冲动去做某些事情。对待这种人，以柔克刚就是一个很好的方法。


春秋时期，齐王帐下有著名的"齐国三杰"，他们分别是：田开疆、公孙接、古冶子。这三个人力大无穷，勇猛异常，为齐国立下了汗马功劳。后来，三人开始居功自傲，渐渐不把别人放在眼里了。

有一天，鲁昭公来到齐国访问，齐王设宴招待他。鲁国由叔孙诺执礼仪，齐国由晏子执礼仪，君臣四人坐在堂上，"三杰"站在堂下，态度十分傲慢。

酒过三巡，菜过五味后，齐国国相晏子忽然说："园中桃子已经熟了，摘几个请二位国君尝尝鲜吧？"

一会儿，下人端着玉盘，献上六个桃子来。这六个桃子鲜艳欲滴，圆润饱满，香气扑鼻。齐王问："就结这几个吗？"侍者说："还有几个没太熟，只摘了这六个。"

接着，晏子手捧玉盘，首先献给鲁昭公一个桃子。鲁昭公饮酒吃桃，觉得那桃果然甜美无比，不禁连声称赞。随后，齐王、晏子、叔孙诺也各自吃了一个桃子。

这时，盘中还剩有两个桃子。晏婴说："请君王传令群臣，谁的功劳大，谁就吃桃，如何？"齐景公同意，于是传令下去。

公孙接马上说："有一回，我随齐王出城打猎，突然从旁边蹿出一只老虎来，我冲上去，用尽全力将老虎打死，救了国君一命。这么大的功劳，还不应该吃个桃吗？"晏婴说："冒死救主，功比泰山，可赐酒一杯，桃一个。"公孙接饮酒食桃，站在一旁，十分得意。

古冶子也不甘示弱，说："我曾经跟随国君横渡黄河，大鳖咬住车左边的马，拖到了河的中间。我只身潜到水里，顶住逆流，潜行了九里，才抓住那大鳖，将它杀死了。像这样的功劳，该不该吃个桃子？"齐王说："当时黄河波涛汹涌，要不是将军斩鳖除怪，我的命早就没了。这是盖世奇功，理应吃桃。"晏婴忙把剩下的一个桃子送给了古冶子。

桃子分完了，一旁的田开疆气得大叫："杀一只老虎，诛一只大鳖，这都是区区小事，我在十万大军中纵横捭阖，如入无人之境，竭尽全力救出主公。建立了这样大的功勋，反而没有桃子，我堂堂男子汉大丈夫，今日受到如此羞辱，怎么还有面目活在世上？"说罢，竟挥剑自刎了。

公孙接大惊，也拔出剑来，说道："我的功劳比田将军要小很多，却吃了桃子，导致田将军自刎身亡，我怎敢苟活于世？"说罢也自杀了。

古冶子双眼泛红，哭着说："我们三人结为兄弟，不求同生，但求同死。如今他两人已死，我若苟活，于心何安？"说完，也拔剑自刎了。

鲁昭公惊得目瞪口呆，过了半天才说："我听说这三位将军勇冠三军，可惜为了一个桃子都死了。"

晏子微微一笑，不慌不忙地说："此三人有勇无谋，像他们这样的人，我们齐国不知道有多少，少几个这样的人也没什么了不起，各位不必介意，请继续饮酒吧！"


晏子借力打力，不费吹灰之力就除去了齐国的三个心腹大患，他"以柔克刚"的招数的确高明。

面对强敌，当自己的力量不能与之抗衡时，不妨运用以柔克刚的办法，暂时示弱，等到自己的能力增强时，再反戈一击。韩信当年受人嘲讽，遭受胯下之辱。如果他当时不学会低头隐忍，可能就会当场死在别人的刀下。所以，懂得以柔克刚的大智慧，对我们每一个人来说都是有百利而无一害的。

## 4. 不必事事争强、处处求胜

世界上最宽阔的是海洋，比海洋更宽阔的是天空，比天空更宽阔的是人心。世界上的事情是复杂多变的，所以千万不能事事争强、处处求胜，而应该敞开胸怀，对一些小事不争不抢，这样才能显示出你的君子风度。

"冲动是魔鬼"，这句话一点儿都没错。人在激动、愤怒的情况下，往往会做出一些令自己后悔终生的事情。不要因为你的敌人燃起一把火，你就把自己烧死。当你发怒的时候，怒火也许会烧及他人；但一般情况下，它是向内烧——烧的是发怒者个人的身心健康。其实，不逞一时之勇，才能逐步实现自己的目标，才能看见人生的另一番模样。

在西北的一个小山村里，老张家和老李家是世仇，两家不知道斗了多少代。

一天晚上，老张与老李从集市里出来，碰巧在返村的路上遇见了。两个仇人一见面，都是横眉冷对，然后保持距离，一前一后朝家里走去。

这天晚上夜特别黑，乌云蔽月。走着走着，前面的老李忽然大叫一声，不见了人影。老张想："估计他是掉到沟里去了，救不救他呢？"

老张思前想后，最终还是不忍心他就这样死去，便走上前去，找根树枝把老李拉上来了。

老李上来后，正要感谢救命恩公，忽然发现树枝那头居然是自己的仇人老张。

老李怀疑地问："你为什么要救我？"

老张想了想说："为了报恩。"

老李一听，大惑不解："报恩？恩从何来？"

老张说："因为你救了我啊！"

老李丈二金刚摸不着头脑，不解地问："咦？我什么时候救过你啦？"

老张笑着说："就在刚刚啊！今天晚上这么黑，如果不是你刚刚那声大叫，我肯定也会从那里掉下去了。所以，你既然救了我一次，我怎么能不报恩呢？"

话音刚落，月亮就从乌云里出来了，照在两个人的脸上。两人互相瞧着对方，都不由自主地流下了热泪。


在现实生活中，我们与邻里之间避免不了一些小摩擦，有时候甚至会闹到"鸡犬之声相闻，老死不相往来"的程度。其实仔细想一下，跟我们的生命相比，这些小事又算得了什么呢？在永恒的时间面前，所有的误会、矛盾都是过眼云烟。放开自己，不纠结于已经发生的事情，你才能收获一些极美、极珍贵的东西。

人与人之间的你争我夺、尔虞我诈，不知道使多少人死无葬身之地，多少珍贵的财富都因此而化为灰烬。因此，当遇到朋友背叛、同事背后搞小动作的时候，我们不妨宽容豁达，泰然处之。如果你凡事都要一争长短，斤斤计较，只能是伤人伤己。

安尼什·卡普尔是英国雕塑界一位极其重要的人物，他凭借雕塑《坠入地狱》而一举成名。

后来，有记者问他成功的秘诀。

安尼什·卡普尔说："哪有什么秘诀啊？如果非要我说的话，我认为，做好一名雕塑家，一定要注意两点：第一是要把鼻子雕大一点儿；第二是要把眼睛雕小一点儿。"

记者感到很不解："为什么要鼻子雕大一点儿，把眼睛雕小一点儿呢？这样一来，雕像岂不很难看吗？"

安尼什·卡普尔解释说："这样做才留下修改的空间啊。你想一下，如果你一开始就把鼻子雕小了，就再也无法加大；如果眼睛一开始雕大了，也就没办法改小了。鼻子大了，才能往小里修改；眼睛小了，才能往大里修改啊！"

面对别人的一些无伤大雅的错误，不一定非要辩出个你错我对，放过去，礼让一些，不但顾及到了别人的面子，也减少了自己的烦恼，何乐而不为呢？

有一天晚上，卡耐基和自己的一个朋友应邀去参加一个宴会。在宴会进行中，有一名演说家说了一个笑话，并引用了一句成语，这句成语翻译成汉语就是"谋事在人，成事在天"。他信誓旦旦地说："这句话出自《圣经》。"

博览群书的卡耐基知道，这句话是出自莎士比亚的《哈姆雷特》，而不是《圣经》。为了表示自己的优越感，卡耐基当场反驳他，说："您错了，这句话出自《哈姆雷特》！"

没想到，卡耐基的这一举动引起了对方的愤怒，他说："你说是出自莎士比亚？不可能！这太荒唐了！"

这时，朋友给卡耐基递了个眼色，然后笑着说："卡耐基，这次是你错了，这句话的确是出自《圣经》。"

回家的路上，卡耐基不解地问："你不是明明知道那句话出自莎士比亚吗？"

"是的，"朋友回答道，"可是，亲爱的卡耐基，我们是酒宴上的客人，为什么一定要搞得这么剑拔弩张呢？即使你证明他错了，对你有什么好呢？卡耐基，你要记住，人应该竭力避免冲突，而不是主动去找冲突。"

人之所以烦恼，是因为遇事都不肯让一步，总觉得自己是对的。其实，这是一种非常愚蠢的做法。

《菜根谭》中写道："滋味浓时，减三分让人食；路径窄处，留一步与人行。"在生活当中，不要为了逞一时之勇而把别人逼上绝路。

## 5. 以爱感人，以情动人

无数的事实表明，只有真情才能打动别人，真情犹如春天的雨露、夏日的鲜花、秋天的微风、冬天的暖阳，它给人以温暖、感激、满足和力量。

十年前的一个秋天，王慧作为一名公司职员从上海去美国芝加哥参加一个家用产品展览会。中午时分，王慧正在快餐店里吃饭，旁边走过来一个白发长者，用生硬的普通话问："我可以坐在这里吗？"王慧微笑着点点头，指着对面的位子说："请坐。"

随后，王慧便起身去拿用餐的刀、叉、纸巾这类东西，但又担心刚才的那位老人家找不到，于是顺便帮他也拿了一份。

用餐结束后，老人递给王慧一张名片，说："如果以后有什么需要，请与我联络。"王慧一看，原来这位老人是一家大公司的董事长。

一年后，王慧从原来的公司辞职，自己开了一家公司。然而，生意做了不到一年的时间，原来的客户不知道因为什么原因突然不做了。这下怎么办？公司刚刚起步，还没有足够的客户源，难道刚刚起步就要破产吗？

王慧忽然想起那位曾与自己一起用过餐的老人，就抱着一丝希望写了一封简单的信，上面说："不知道您是否还记得我，我现在自己开了一家小公司，如果您来上海的话，希望您能来看一看。"

本来王慧只是抱着试一试的心理，没想到一个星期后老人就回信了，信上简简单单写了几个字：即日起程来上海。

两天后，他真的来了，还带来了好几个公司职员。他们拿出样品让她试加工，在肯定了产品的质量之后，当场下了足够王慧做一年的大订单。

王慧惊喜地问："您在上海有很多大客户，而我这里只是家小公司，您真的信得过我吗？"

老人笑着说："你在芝加哥给我提供帮助的时候，没有想到会有今天吧？可能那对你只是一件小事，对我来说却是最大的感动。人心就像一本存折，你给别人恩惠，别人自然就会记着，等到这个存折存满了，他就会反过来帮助你啦！"

梁启超先生说："天下最神圣的莫过于情感。用理解来引导人，顶多能叫人知道哪件事应该做，哪件事怎样做，却和被引导的人到底去做不去做，没有什么关系。有时所知的越发多，所做的倒越发少。用情感来激发人，好像磁力吸铁一般。有多大分量的磁，便引多大分量的铁，丝毫容不得躲闪。所以情感这样东西，可以说是一种催眠术，是人类一切动作的原动力。"

世间事逃不过一个"情"字，情真方能动人。再铁石心肠的人，在真情面前都会缴械投降。在很多情况下，真正打动人心的话并不在于说得多么婉转，多么有理有据，而在于是否付出了真诚的感情。

西奥多·罗斯福，人称老罗斯福，美国军事家、政治家，第26任总统。他就是一个非常善于以真情感化别人的人。

罗斯福有一个仆人，名叫詹姆士·爱默森，他曾经写过一本关于罗斯福的书——《西奥多·罗斯福，他仆人的英雄》。在这本书中，爱默森这样写道：

"有一次我爱人问总统：'什么是鹌鸟？'她从来没有见过这种鸟。总统很耐心地给她介绍了这种鸟的样貌和习性。过了几天，我家里的电话响了，是我妻子接的电话。只听见总统在电话里高兴地说：'你快看，你的窗外就有一只鹌鸟。'"

卸任后，罗斯福仍旧会时不时地造访白宫，他跟白宫的每个人都真诚而友好地打招呼。书中这样写道：

"当他看见厨房的女仆艾利斯时，他问：'艾利斯，你还会烤玉米面包吗？'艾利斯说：'我还会烤给仆人吃，但楼上的人都不喜欢吃。'"

"'他们没口福，'罗斯福愤愤不平地说，'等我见到总统时，我会告诉他。'"

"艾利斯端出一块玉米面包给他，他一面往办公室走去，一面吃，而且在经过园丁和工人的身旁时，还跟他们打招呼。"

"他对待任何一个人，都如同亲人一般。在他当总统的那段日子里，是我们一生中最快乐的时光，即使给我一张百元大钞，我都不会拿它换这段时光。"

真情如水，水是一切尽善尽美的象征。在这个世界上，有一种最能体现爱心的情感叫作真情。真情可以照亮一个人心中的黑暗，可以融化彼此之间冷漠的心，可以点燃希望的火。只有以真情感动对方，才能赢得对方的信赖。

# 第十章 / 如水的毅力：
## 绝望时再坚持一下，便可能绝处逢生

> 如水曲达，坚韧不拔。为了东流到海，百转千回不回头；为了成大事，水滴石穿不罢休；为了不放弃目标，抽刀断水水更流。水能为了自己的目标日夜奔流，即使路途遥远也会百折不挠，不休不止，直到看到大海的那一天。如果我们拥有了水的这种坚强毅力，还有什么困难克服不了呢？

## 1. 滴水穿石，有志者事竟成

水是天下至柔之物，却也是至刚之物。佛殿前的一块石板上，有一排密密麻麻的小坑，这些小坑，就是经过屋檐上的雨滴，千百年的敲打形成的。这就是传说中的"滴水穿石"。

在现实生活中，有太多的人与成功失之交臂，就是因为他们缺乏水的韧性和毅力，过早地放弃，未能坚持到底。

他只上了两年学，父亲就因病去世了。于是，年仅八岁的他辍学回家，帮母亲照料三亩薄田。等到他长到 16 岁，母亲因病瘫痪在床，再也无法劳动了，家里的重担都压在了他一个人的肩上。

为了筹到给母亲治病的钱，他把一块水洼挖成池塘，想养鱼。但是，这里的水质根本不适合养鱼，他买来的鱼苗不到两天就都死了。这件事成了当地的一个笑话，很多人都拿这件事开他的玩笑。

听说很多人养鸡发了大财，于是他到舅舅家借了1000块钱，养起了鸡。但命运并不关照他，不出几个月，禽流感袭来，他养的鸡都死光了。他欠了一屁股债，舅舅整天追在他屁股后面讨债。病重的母亲受不了这个刺激，竟然郁郁而亡。

后来，他又进过砖厂，干过瓦工，还捡过垃圾，但都没有挣到钱。38岁的时候，他还没有娶到媳妇，因为他家徒四壁，一无所有。

很多人都认为他这辈子完了。

可是等到50岁的时候，他成了这个镇子上最有钱的人，他名下有三家公司，手里有好几亿的房产。他娶了媳妇，生了孩子，还把孩子送到国外读书。

成名后，很多报社的记者都来采访他，其中有一个记者这样问他："在苦难的日子里，你凭什么一次又一次毫不退缩?"

他站在明亮的落地窗前，手里拿着一个玻璃杯，笑着问记者："如果我松开手，这个杯子会怎么样?"

记者不解地说："肯定会摔得粉碎。"

他笑了笑，松开手，杯子掉到大理石地板上。

然而，让所有人都惊奇的是，这个杯子完好无损，滴溜溜地滚到了他脚下。

他弯腰捡起这个杯子，笑着说："即便今天这里有100人，也会有九十多个人会认为这个杯子必碎无疑。但是，这个杯子不是普通的杯子，而是一个不锈钢玻璃杯。"

记者恍然大悟：这样的人，不管经受多少磨难和打击，都不会倒下，因为他就如同这个不锈钢玻璃杯。

这就是坚持的伟大力量。古罗马诗人说："忍耐和坚持虽是痛苦的事情，但却能渐渐地为你带来好处。"很多人终其一生却碌碌无为，不是因为他们天资不如别人，而是他们从未在任何一件事情上坚持过。

"锲而不舍，金石可镂，锲而舍之，朽木难雕"。金石可比朽木硬多了，但只要你持之以恒，坚持不懈地去镂刻它，时间长了，照样可以雕刻出精美的艺术品来。有很多时候，成功者和失败者之间的区别仅仅在于是否坚持不懈。

## 2. 三思方举步，百折不回头

中国有句古话，叫"三思而后行"，意思是在作决策的时候要反复考虑，将有可能发生的事情做出全方位考虑，才有希望达到成功的彼岸。当然，"三思而后行"并不是教人做事要畏首畏尾，踟蹰不前，而是告诉人们，当遇到重大问题时，一定要综合考虑各方面因素，统筹规划，这样一来，即使发生一些突发事件，也不会手足无措了。

当做出了完善的决策后，就一定要迅速行动，绝不可拖延。拖延是成功的绊脚石，是时间的窃贼，我们唯有立即行动起来，才能实现自己的志向与理想。当然，在成功的道路上，还有许许多多的"拦路虎"，这些挫折对人虽是一种打击，却也能磨炼人的意志力。自古英雄多磨难，从来纨绔少伟男。只有尝尽艰辛，百折不回头，才能有所成就。

一个夏季，一场突如其来的暴风雨席卷了美国密苏里平原，摧毁了很多的农田、公路和房屋。

在满目疮痍的屋子前，一个瘦弱的小男孩呆呆地看着汹涌的洪水在农田里肆虐。洪水卷走了家里的一切，身无分文的父亲去银行贷款，却被人家粗鲁地拒绝了。无奈之下，他们只好把仅存的财产搬到四轮马车上，打算流浪。

当马车经过村子前的那座桥时，父亲忽然回过头去，茫然地看着破碎的家园，流下泪来。

小男孩望着一脸忧郁的父亲，疑惑地问道："爸爸，您还要等谁呢？"

父亲没有说话，紧紧地搂着瘦弱的男孩，父子俩在桥上你看着我，我看着你，都不知道未来的出路在哪里。

几年后的一天，一位知名演说家来到这个男孩所在的小镇上演讲。他雄辩的口才、博学的语言彻底征服了这个男孩。男孩目不转睛地盯着他，眼神里充满了敬畏。在最后，演说家说："一个来自贫困家庭的男孩，只要他立下壮志并努力奋斗，就一定会成功的！"说完后，演说家笑着问听众："谁会是那个男孩呢？"

接着他又自答道："女士们、先生们，我说的就是他。"说完他随便往下面一指。虽然演说家只是随便一指，但男孩的脸却瞬间红了，他觉得，演说家一定说的就是他。从此，他下定决心，一定要成为一名演说家。

可是，结结巴巴的语言、瘦弱的身躯和破烂的衣服总是让他成为别人的笑柄。

在经历了一次又一次的失败后，他迷茫了，一个人走在回家的路上，望着天边的白云，陷入了沉思。这时，他父亲忽然在背后说："我的孩子，为什么不再试一次呢？"

他回过头来，发现父亲就站在身后，笑吟吟地看着他。

他激动地扑进父亲怀里，像十多年前那样，父子两人紧紧地抱在一起。从此，他决定发奋振作，重新挑战自我。

最终，他的一篇以《童年的记忆》为题的演说，获得了勒伯第青年演说家奖。这是他第一次成功尝试。这次获胜，对他的一生产生了非同小可的影响。

他在后来的回忆中不无自豪地说："我虽然经历了无数次失败，但最后终于赢得了辩论比赛。我非常感谢我父亲，也会一直记得他说过的那句话：'为什么不再试一次呢？'"

30 年后，他成为美国历史上最著名的人际关系学大师，西方现代人际关系教育的奠基人，被誉为是 20 世纪最伟大的心灵导师和成功学大师。他就是被誉为"20 世纪最伟大的人生导师和成人教育大师"的戴尔·卡耐基。


人生就像是一个寻宝的过程，中途放弃是不可能寻到宝藏的。法国思想家拉罗什富科说过："取得成就时坚持不懈，要比遭到失败时顽强不屈更重要。"在通往成功的道路上，不知道会碰到多少挫折和磨难，但只要你坚持不懈，百折不挠，就一定能看到胜利的曙光。

一位历史学家在分析美国历史进程时说："其实，美国人之所以能够成功，很大程度上是他们竭尽全力、毫不惧怕失败的结果。他们也曾经遭遇过失败，但是失败了从头再来，而他们坚韧的个性又增加了许多。"正是这种持之以恒、百折不回头的精神，才是美国人最大的力量来源。

挫折只是生活的一部分，是生活的调味剂，人生在世，谁能保证自己永远一帆风顺呢？只要你充满自信，开动脑筋，坚持到底，就没有解决不了的难题。如果感觉自己实在坚持不下去了，就该问一问自己："为什么不再试一次呢？"

### 3. 绝望时再坚持一下，便可能绝处逢生

水看似柔弱，却是天底下最有耐心的东西。为了击穿一块石头，它可以日复一日，年复一年地坚持。如果我们能像水一样，坚持不懈，不抛弃，不放弃，那么这个世界上还有什么能让我们动摇呢？

康德说："既然我已经踏上这条道路，那么，任何东西都不应妨碍我沿着这条路走下去。"成功需要有坚持到最后的耐心，也许你不比别人聪明，也许你在某些地方有些不足，但只要你比别人多一份坚持，你就能多一份成功。

遭到拒绝几乎是每个销售人员每天都要遇到的事，被拒绝一次后你可能依然勇气十足，可如果被拒绝了十次、100 次呢？

想要取得辉煌的销售业绩，推销员就必须坚持到最后一刻，被拒绝也毫不退缩。只有不怕拒绝的推销员才能创造出非凡的业绩。

著名销售大师原一平说："销售就是初次遭到客户拒绝之后的坚持不懈。也许你会像我那样，连续几十次几百次地遭到拒绝。然而，就在这几十次几百次的拒绝之后，总有一次，客户将采纳你的计划。为了这仅有的一次机会，销售员在做着不懈的努力。"

市清村是日本鼎鼎有名的企业家，很多人不知道，他年轻的时候曾经是一位保险推销员。有一次，市清村试图劝说一位校长参加投保，可是，他整整缠了校长三个月，门槛都快踏断了，校长还是冷冷地说："对不起，我不会买你的保险。"

市清村从来没有受到过这样的打击，他伤心欲绝，晚饭后，他对妻子说："我不想干了，我要辞职，这三个月来，我磨破了嘴皮子，跑断了腿，可还是无法打动这个冷血的人。"

他妻子看着他，怜爱地说："亲爱的，我知道你受的苦，可是，你为什么不再试一次呢？说不定，再试一次你就成功了！"

"为什么不再试一次呢？"晚上，市清村翻来覆去一直在想这句话。第二天一早，他就又一次来到校长家，敲开校长家的们。没想到，还没轮到市清村开口，校长就笑着说："我服了你了，我决定买你的保险。"

市清村又惊又喜，呆呆地愣在那里，说不出话来。

有了这次成功的经历，市清村的信心更足了，每推销一笔保险，他都坚持到底，不达目的誓不罢休。几年后，他成了九州地区最优秀的保险推销员。

后来，市清村写了一本回忆录，在书中，他这样规劝年轻人："切勿做一个只在山脚下转来转去的毫无登山意志的人。必须尽自己的体力，攀登上去。有此宏愿，即使技术不够，也还是可以最终登上山顶。"

人生就如同一场旅行，既然你登上了旅行的列车，就一定要坚持到底，永不退缩。道路两旁虽然隐藏着许多打击和挫折，但只要你不怕失败，克服重重困难，你就一定能达到成功之巅。

记住，再坚持一下，多走一步就是天堂。

## 4. 前路坑坑洼洼，你要去适应它

做人，应该如水一般，遇到不同的环境，便展现出不同的风采。灵活、善变，学会适应环境，而不是让环境适应自己。

深山里有一个寺庙，庙里有个小和尚，他每天的工作就是清扫寺庙院子里的落叶。

这实在是一件苦差事，特别是在冷风嗖嗖的秋天，每一次起风时，都会落下一些树叶。

每天天蒙蒙亮，小和尚就得离开温暖的被窝，花很长的时间清扫地上的落叶。可是，第一天清扫干净，第二天地上又落了厚厚一层。

后来，有一个师兄告诉他："你每天在扫落叶之前，先爬到树上使劲摇一摇，把叶子都摇下来，第二天就不用扫落叶了。"

小和尚觉得这个办法好极了。第二天一大早，他就爬到树上使劲摇晃，叶子纷纷落下，小和尚暗自高兴："明天终于可以睡个好觉了！"

转天早晨，小和尚到院子一看，不禁愣住了——院子里如往日一样落叶满地。

就在这个时候，庙里的住持走了过来，对小和尚说："傻小子，不管你今天怎么摇晃树干，明天的落叶还是会飘下来。"

小和尚终于明白了，世上有很多事是无法改变的，唯有改变自己，才能适应周围的环境。

达尔文说："物竞天择，适者生存。"优胜劣汰是自然界的规律，只有适应环境，才能在自然界博得一席生存之地，如果你一味怨天尤人，看这不舒服，看那不顺眼，只能陷入无限的纠结循环之中。


哈维是一个乐天派，但也是一个穷小子。他的工作是在夜总会端盘子，虽然收入不高，但他每天过得很快乐。

哈维非常喜欢车，可是以他的经济条件，怎么可能买得起车呢？在跟朋友聊天的时候，哈维感叹道："如果我有一辆车，那该多好啊！"

一位朋友建议他："你可以去买彩票啊，说不定就中奖了呢，那样你就可以买车了！"

哈维听从了朋友的劝告，买了两块钱的彩票。可能是他对车的热爱感动了上帝，哈维居然真的中了大奖！朋友们都替他高兴，哈维更是乐得合不拢嘴。

哈维终于实现了自己的愿望，有了一辆漂亮的轿车。当天晚上，哈维开着车带朋友们去兜风，还请朋友们喝酒。

回来后，哈维将车停在楼下，擦得干干净净。

第二天，哈维下楼一看，车居然被偷了！

几个朋友得知这个消息后，都感到很伤心，也很痛恨那个小偷，他们相约来到哈维家，安慰这个好朋友。

可是，当他们看到哈维的时候，发现他乐呵呵地，没有一点儿痛苦的样子。

朋友惊奇地问："哈维，你的新车丢了，你为什么一点儿都不伤心呢？"

哈维笑着说："嘿，我为什么要伤心啊？"

朋友们感到很奇怪，心想，他不会伤心太过，得了失心疯吧？

"如果你们谁不小心丢了两块钱，会伤心吗？"哈维问。

"那当然不会！"有人说。

"是啊，我丢的就是两块钱啊！"哈维乐呵呵地说。


跟哈维相比，我们对待生活的态度是什么样的呢？如果你的爱车在一夜之间不翼而飞了，你会不会捶胸顿足，甚至想不开而去自杀呢？其实，只要你愿意，生活总是能够给你带来惊喜的。你没办法改变天气，却可以改变自己的心情；你没办法改变容貌，却可以展现自己的笑容。只要你怀着乐观的心态，生活将处处充满阳光。


## 5. 驻足不前，一如死水生腐

梁启超在《莅山西票商欢迎会学说词》中说："夫旧而能守，斯亦已矣！然鄙人以为人之处于世也，如逆水行舟，不进则退。"的确如此，生活就如同广阔无垠的沧海，有时风高浪急，有时波澜不惊。人就如同大海上的一叶扁舟，要想尽快到达彼岸，就要勇往直前，劈山开道，迎着逆境而上。

孟子说："天将降大任于斯人也，必先苦其心志，劳其筋骨，饿其体肤，空乏其身，行拂乱其所为，所以动心忍性，增益其所不能。"一个人只有经历了逆境的种种磨难，才会树立起直面困难的勇气，才能从容应对生活中的种种挑战。

杰克和瑞德是两个同龄的孩子，他们两家离得非常近，所以常在一起玩耍。

　　杰克是一个非常聪明的孩子，学什么都是一点就通，还能举一反三，为此，他非常骄傲；而瑞德则不同了，他远没有杰克聪明，成绩也从来没有进入过班里的前十名，自然非常自卑。

　　然而，瑞德的母亲却是一个有大智慧的人，她常常告诉瑞德："孩子，千万不要用别人的标准来衡量自己。虽然奔驰的骏马很快，也很引人注目，但是，最终到达目的地的却往往是充满耐力和毅力的骆驼。"

　　一直都以为自己很聪明的杰克，到老都碌碌无为，没有成就一件大事；而天资愚钝的瑞德，却一点点地超越自我，最终成了本市有名的企业家。

　　愤愤不平的杰克就这样郁郁而终了，他的灵魂飞到天堂后质问上帝："我的才干远远超过瑞德，我应该比他更伟大才是，可为什么你却让他成就了辉煌，而让我一生碌碌无为呢？"

　　上帝笑了笑说："可怜的杰克啊，你到现在都没弄明白。在把你们送到人间之前，我给你们的口袋里面放了同样的东西，只不过我把你的聪明放在了前面的口袋里，而把瑞德的聪明放到了后面的口袋里。你一直为自己的聪明沾沾自喜，所以就不由自主地停下了脚步；而瑞德则看不到自己的聪明，所以他一直在努力奔跑。这样一来，他就超越你了。"


　　人生就是一个逆水行舟的过程，不管是什么人，只要他停止了努力，那他就如同死水一潭，永远不会进步。在这个竞争激烈的时代里，停止进步就意味着退步，就会被淘汰。只有不断进取，不断超越自己，才能达到完美的境界。


　　公司里面来了一个踏实能干的年轻人，两个月后，他被提拔为部门经理。

　　这让老张气愤不平，因为他在这个公司里面干了二十多年了，现在还只是一个副经理。他越想越来气，跑到董事长办公室，抱怨说："董事长先生，我在这个公司兢兢业业，已经有二十多年的经验了，可是您为什么却把一个毫无工作经验的人提拔为经理呢？我实在想不明白这是为什么。"

董事长耐心地听他说完："老张，你的心情我可以理解。"

董事长接着说："但是，你恐怕弄错了一点，你不是有二十多年的工作经验了，你只是把一年的工作经验兢兢业业地用了二十多年。"

人是有惰性的，一旦熟悉了某个环境，就会对这个环境产生依赖感，结果就被局限在一个狭小的环境里，错失许多改变自己命运的机会，最后作茧自缚。

一位心理学家用跳蚤做了一个实验。他把一只跳蚤放在一个广口瓶里面，然后用玻璃盖住。天真的跳蚤以为自己能跳出去，便不停地跳高。过了几天，它终于能碰到玻璃了。也许是玻璃撞疼了它，久而久之，它便不再跳到足以撞到玻璃的高度。过了很长一段时间，这位心理学家拿掉玻璃，发现了一个很有意思的现象：即使没有了玻璃，跳蚤也绝对不会跳出广口瓶之外。

当下的很多人都像这个故事中的跳蚤，长期封闭在一个环境里，丧失了激情，丧失了梦想。想要改变这个现状，就必须迅速行动起来，不断超越自己，不断追求卓越。

我们每一个人都应该永远记住这条真理：只有不断超越自我，才能一点点接近成功。人生在世，每个人的天赋和秉性都不相同，实现梦想的手段也不相同。但是，只要你勇于改变自己，并付出一定的努力，就会超越别人，永远走在别人前面，也会变得更加优秀和卓越。

## 6. 掌好"执着"这把舵，自然航行千里

哲学家说："想象你自己对困难做出的反应，不是逃避或绕开它们，而是面对它们，同它们打交道，以一种进取的和明智的方式同它们奋战。"

成功，重在执着，贵在坚持。其实每个人的境遇并没有好坏之分，祸兮福所倚，福兮祸所伏，人生在世，什么样的困难都可能会碰到，能不能坚持到最后，就看你够不够执着。

世界上所有的失败者都有一个共同的特点，那就是不敢向困难挑战；而成功者则不然，在他们的字典里，永远没有"不可能"三个字，在他们的眼睛里，越是不可能的事情，越有可能成功。

一名中国的年轻人来到澳大利亚留学，为了填饱自己的肚子，他做了很多兼职，比如刷碗、帮人家割草、放羊、接小孩……只要能挣到钱，他什么都愿意干。

毕业后，年轻人觉得自己终于不用再东奔西跑，可以找一份稳定的工作了。他看中了一个电讯公司的职务，工作内容很适合他。

经过层层选拔，年轻人终于打败了所有的对手，坐在面试经理面前。没想到经理忽然问："年轻人，你有车吗？我们这份工作几乎每天都要出差，没有车的话，你简直寸步难行。"

年轻人不但没有车，甚至连驾照都没有，但是为了得到这份工作，他还是不假思索地说："有！"

"两周后，开着你的车来上班。"面试经理说。

在短短的两周时间内要买车、学车，这简直是天方夜谭。但是为了这份工作，年轻人豁出去了。他在朋友那里借了钱，从旧车市场买了一辆非常破的面包车。上午，他去驾校学习；下午，他练习开车。两周后，年轻人拿到了驾照并将那辆丑陋的面包车停在了公司楼下。

时至今日，他已经是那家电讯公司的业务经理了。

如果你不想被眼前的困难压垮，就将"不可能"这三个字从你的字典里除掉吧。在你的执着和坚持之下，相信所有的"不可能"都会变为"可能"。

一个人在检查自己谷仓的时候，不小心把自己的金表丢在了里面。这块金表是他家祖传的物件，虽然不是很值钱，但对他来说意义非凡。

富翁在自己家的门口贴了一个告示：谁能帮我找到那块金表，就奖励1000美元。

面对金钱的诱惑，很多人都来碰运气。他们几乎把谷仓翻遍了，可还是没有找到金表。

夕阳西下，人渐渐散去了，只剩下一个衣衫褴褛的男孩，留在那里不肯走。他的母亲得了重病，正在床上痛苦地呻吟，要是能找到那只金表，他就有钱给母亲治病了。

夜已经很深了，家家户户都升起了炊烟，男孩子也很饿了，但是一想到躺在床上的母亲，他还是不想就这样回去。

不知道什么时候，男孩渐渐在谷仓里睡着了。突然，他听见一个奇特的声音："滴答滴答"。

他顿时屏住了呼吸，认真倾听。谷仓里面很安静，那个"滴答"的声音就是从不远处传来的。男孩循着声音，终于找到了埋藏在谷堆深处的金表，最终得到了 1000 美元。

成功源于执着，当你确立了一个目标之后，就一定要心无杂念、义无反顾地走下去，最终一定会有所收获的。就像水一样，它的目标就是流入大海，它一生都在追求这个目标。正是因为水的执着，才有了大海的波澜壮阔。

## 7. 川流不息，永不退缩

水乃万物之源，也孕育着至高无上的道德和精神。它在前进的过程中不管遇到多少苦难，都不会驻足不前，而是一直川流不息，不断向前。做人也应该像水一样。

在我们实现梦想的过程中，如果遭遇到难以逾越的障碍时，很多人想的都是打退堂鼓，但是，如果你把自己的退路切断，强迫自己勇往直前，或许，成功就在前面不远处。

《史记·项羽本纪》记载："项羽乃悉引兵渡河，皆沉船，破釜甑，烧庐舍，持三日粮，以示士卒必死，无一还心。"

时隔多年，我们仍能感觉到当年西楚霸王破釜沉舟一举破秦的那股豪迈与气概。而在当今的众多年轻人身上，就缺乏这种破釜沉舟的气势。

杰瑞先生是一家企业的董事长，在金融危机的浪潮中，杰瑞的企业受到了严重的冲击，面临着破产的厄运。为此，杰瑞先生很苦恼，他找到自己的大学导师，希望他能给自己答疑解惑，找到突破困境的办法。

导师知道他的来意后，并没有提出什么办法，只是告诉他，下周学校将举行一次比赛，希望他参加。

杰瑞先生果然来了。这次比赛的规则很简单，每一个选手面前都有四条羊肠小道，不管你选哪条路走，只要能最先到达目的地，就算赢了。

杰瑞先生思考良久，决定走左边第二条路。为了保险起见，他给自己系上了一根绳子。这样，万一这条路是死路，他也能原路返回，不至于迷路。杰瑞先生一直往前走，可就是看不到出路，于是，他只好原路返回。

接着，他又选择了右边第一条路。跟走上一条路一样，他同样系了根绳子在身上，这条路也是曲曲折折，一直走不到尽头。他只好再次返回来。

这次，他又选择了左边第一条路。在出发前，他仍系了一根绳子在身上。这条路和前两条一样，同样是曲曲折折无尽头。走着走着，杰瑞先生发现了一条小河，这条河太深了，杰瑞先生觉得自己无论如何都游不过去，只好再次回来。

只剩下一条路了。杰瑞先生把心一横，这次他没有系绳子，他知道，这是他最后的选择了。有了前三次的经验，他走得很快。不多时，他又看到了一条大河。杰瑞先生无奈，只好跳入河中，打算游过去。河水冷得刺骨，而且很湍急。但是杰瑞一想，自己已经没有退路了，于是他只好玩命地往前游。

终于游到对岸，杰瑞先生这才发现，目的地就在前方，而在自己身后，还有四条小路。原来，选择任何一条路都会到达终点。更令杰瑞不解的是，其他的选手都早已到达了目的地。

导师看着满腹狐疑的杰瑞先生，意味深长地说："你明白了吗？不管走哪条路，只要你能坚持下去，都会走到终点站。"

此时，杰瑞终于明白了导师的用意：人生，也不能为自己留有退路。


一个人不管做什么事情，都必须抱着绝无退路的决心，勇往直前，永不退缩，才能有成功的一日。如果你做事犹犹豫豫，走三步退两步，还没看到失败的迹象就打退堂鼓，那么你只能坐收失败。

国外有这样一句谚语："人的一生中，有三样东西不能使用过多，做面包的酵母、盐和犹豫。"德国伟大的诗人歌德也说："长久犹豫不决的人，常常找不到最好的答案。"可见，对于成大事者来说，犹豫不决是一个阴险的敌人，在你没有被它打败前，一定要先把它置于死地。


他变卖了所有的家产，孤身一人来到美国。

在美国漂泊了一年，他身上的钱花得干干净净，却还是没有闯出一点儿名堂来。无计可施的他来到了一家软件公司总部，应聘做一名清洁工。

面试很顺利，毕竟这种工作是不需要什么高深知识的。人事经理笑吟吟地说："先生，您已经被录取了，请留下您的电子邮箱，以便我们给您传发录取通知。"

他愣住了，自己哪来的电子邮箱啊？他只好诚实地说："对不起，我没有计算机，更别提电子邮件了。"

人事经理告诉他："对软件公司来说，没有电子邮箱的人等于不存在的人，所以我们不能用你了。"

他很失望地走了出来，没想到自己连当清洁工的资格都没有。一个人走在洛杉矶宽阔的大街上，他感到无尽的孤独和失落。一摸口袋，自己只有十美元的积蓄了。

突然，他脑袋里灵光一闪，想出了一个赚钱的妙招。他拿着那十美元到菜市场全部买了土豆，然后挨家挨户去推销。令他感到惊奇的是，不到两个小时，土豆就一售而空，十美元奇迹般地变成了50美元。

惊喜之余，他发现这是一条不错的发财之路。原来美国人平时都很忙，鲜有工夫出去买菜，一旦有人上门推销蔬菜，他们当然不会拒绝了。在接下来的日子里，他几乎每天往返于菜市场和各居民区之间。

几年后，他建立了一个很大的蔬菜推销公司，员工多达上百人，资产上百万美元。

为将来的生活计，他决定买一份保险。在签约时，业务员向他要电子邮件地址。他脱口而出："我没有计算机，更别提电子邮件了。"

业务员很惊讶："像您这样的成功人士，怎么会没有电子邮箱呢？"

他笑着说："如果我有电子邮箱，我今天就在软件公司当一名清洁工，而不是在这里当老板！"


在前进的道路上，不知道会有多少困难横亘在你面前，关键在于你意志力的强弱。意志力强的人，不管碰到多少困难都能勇往直前；意志力弱的人，一旦遇到挫折便畏缩不前，最终失败。

要想成功，就不能瞻前顾后，更不能给自己后退的机会。只有自绝后路、破釜沉舟，才能勇往直前、所向披靡，才能尽快到达成功之巅。

## 第十一章 / 如水的灵动：
### 随机应变，思定而后动

如水曲达，随机应变。水看似无形，却能适应各种不同的环境和变化。水在不同的环境下以不同的形式存在着，随机应变，才能顺利成事。对我们来说，何尝不是这样？

## 1. 顺其自然，无处不自在

常言道：人生不如意之事十之八九。世界充满了残缺和不完美，想要获得幸福，就要拥有水一般的灵动机变，懂得顺其自然，随遇而安。

人应如水，可以顺其自然，但不放任自流，当困难如山无法攀越时，何不暂且绕开它，先去解决可以解决的问题，而在这不断解决的积累中，原本如山的难题也会被轻易解决掉。

生活不可能一马平川，一生坦途，多一点儿顺其自然之举，不以物喜不以己悲，保持一种恬淡快乐的心情，一种无拘无束的上好心境，如此，同样的人生就快乐许多。

有一个从小喜欢计算机的年轻人,在十年寒窗后如愿考入了某大学学习计算机专业。然而毕业时却赶上计算机行业人才饱和,他一直找不到工作。为了生活,他不得不放下计算机梦转行去做了软件销售。

因为梦想未能达成,失落的年轻人总觉得自己做销售是屈了才,工作时心里总是充满了委屈和不甘。业绩也一直不好。而不佳的业绩使得年轻人在自己的岗位上干得更加无味。

年轻人逢人就抱怨自己怀才不遇,每天去工作都觉得是种痛苦。

后来一位长者听了年轻人的抱怨,就对年轻人说:"既然你现在的工作是销售而不是计算机,那么你再怎样恨现在的工作也无济于事,只能平添烦恼。不如随遇而安,接受现在的工作,把计算机当作爱好,也许在工作之余还能做出成就来。"

年轻人听了老者的话,反思了自己之前的态度。他开始认真对待起现在的销售工作,并且利用自己对计算机的知识,开发了一款新的软件。这款软件使得公司的业绩一路上升,而他的才能很快就得到了老板的赏识,老板为此特地设立了一个 IT 部门由他来负责。他的计算机梦也就由此得到了实现。

同样的工作,年轻人之所以开始不顺,后来却取得了成功,就是因为他懂得了随遇而安的智慧。虽然不是自己原本理想的工作,但他顺应境遇,将自己的所长应用到自己的工作中,尽全力去完成应该做的事情后,新的机会和新的岗位自然就向他走来了。

世人总是觉得生活沉重,但试问有几人真正懂得顺其自然的真义?逃避世间任何发生在自己身上的事,祈求某件痛苦的事不要发生,这只会令人活在恐惧和逃避中。所以,不如对所有的缘分都欣然接受,学会如何驾驭命运,从容如流水。

## 2. 思定而后动

水虽然没有固定的形态，但无论是江河湖海，还是一碗一杯，容纳水的容器却有着固定的形态。做人如水，既要有水的灵活变通，却也要遵循一定的原则，只有如此才能不失做人的基本，不因冲动而耽误人生大事。

20世纪80年代初，拥有上万名员工的日本十大纺织公司之一的重纺纺织公司董事长武藤先生，将一位姓伊藤的小职员一路提拔到董事长。对于年轻的伊藤的破格提拔，引起了轩然大波，外界对此猜测纷纷，而直到伊藤出版自己的回忆录时，人们才知道了这提拔背后的故事。

那年，钟纺公司下属的一个子公司因为各种问题效益不理想，长期亏损。武藤董事长便做出了遣散员工、关闭该子公司的决定。

这个消息传出来之后，员工们纷纷无心工作，甚至抛下这里做到一半的工作就开始发简历、面试，急于谋求下一份职业了。只有伊藤依然一个人坚守着自己的职位日夜不停地工作，积极有效地处理着公司的收尾工作。同事看到了，便问他何必这么认真，反正马上要换别的工作了。伊藤回答："只要我还在这里一天，我就是钟纺的员工，我就必须忠于自己的工作，忠于钟纺公司。"伊藤的回答恰好被路过的武藤董事长听到，武藤感动于伊藤对公司的忠诚，当即破格调动伊藤回总公司当自己的秘书。

伊藤没有让武藤董事长失望，每次遇到事情，他始终忠于公司，以公司的利益为重。几年后，武藤放心地将这家全国有名的大公司交给伊藤来管理了。

其他员工都只看到了水的流动，看到企业有了变动，就急于流向下一处。而伊藤却看到了无论水怎样变化，盛水的容器都不会改变。正是因为有了这种内在的坚定和坚持，伊藤才从原本面临的职业危机中胜出。

刘瑾为 A 广告公司的业务精英。一天，老总派他为上海的客户做一份项目可行性研究报告，但是，这次合作为初次合作，刘瑾并不了解上海的公司。

刘瑾把报告做完后发了过去，之后，上海那家公司的联系人小江通过网络问了一些在业内人士看来觉得很可笑的初级问题，刘瑾便随口说："你刚入行吧！"结果小江觉得刘瑾在讥讽他，于是对着刘瑾破口大骂。刘瑾也不是忍气吞声的人，两人马上针锋相对起来，最后不欢而散。

第二天，刘瑾的老总知道这件事后，把刘瑾找来问明了事情的始末。客观地讲，这件事的发生并不都是刘瑾的错，实际上小江的责任比刘瑾还大。所以老总也没说刘瑾什么，但是他随即拨通了上海客户的电话，亲自向对方道歉："……对不起，手底下的人办事情不周到，多有得罪，您大人有大量请您包涵……"

上海那边了解事情后也觉得自己做得不对，面子上实在过不去，于是打算取消合作。不过，这时他们接到了对方的电话，而且是人家老总亲自打来道歉的。上海的客户感到很不好意思，明明错在自己，可是人家却主动道歉，先退一步，自然也就顺坡下驴了。

事情处理完后，刘瑾与小江都为此接受了相应了处罚。

刘瑾因为一句无恶意的调侃引起了一场风波，小江的问题则在于将对方的一句开玩笑的无心话语看得太过严重，狠狠反击，结果使得双方陷入战火。

如果两个人都懂得谦和、冷静，思定而动，那么一场冲突就完全可以避免。

遇事冷静如水，思定而后动，必定拥有如海般的广阔前景。

## 3. 世界潮流，浩浩荡荡

水不会逆势而行，却最终得以汇聚入海。世间很多事的成败都在一个"势"字，若能认清时势，因势利导，那么便可事半功倍；若总想以一人之力力挽狂澜、逆势而为，总难免功亏一篑，为大势所吞没。

识时务者为俊杰。能够认清时事，懂得顺势而为，心中便可保持清明，没有妄情、妄念、妄想，让心境平和淡然，顺天而行。

范蠡号称"陶朱公"，他足智多谋，学识渊博。但是范蠡一生并不顺遂，大起大落经历了不少。面对一切，范蠡都表现出了常人难以达到的坦然。

在春秋时期，他是越王阵营当中的一员，在他的辅佐下，越王打败了吴国，而他也成为了上将军。不过越王勾践虽然可以共患难，却不能同富贵，深知这点的范蠡选择了功成身退，辞官远走。

在辞去越国的官职后，范蠡到了齐国。在那里，他没有从政，而是改名隐居，在齐国凭借过人的头脑成为了一个商人，累积了数十万的家产。他的才能很快得到了齐国国君的赏识，并请他出任宰相。范蠡认为有财有势已经非常危险了，总会扬名的，为了躲避灾祸，他再次辞官，并散尽家财，第二次归隐。

范蠡是一个很会审时度势的人，他放弃的可能看起来不是小代价，上将军、宰相、万贯家财……但是，相对于生命而言，这些身外之物可以说是微乎其微。范蠡认清了大的形势，才得以扭转当时极不利的局面。

追寻成功如同水上行舟，若顺势而行，便可事半功倍；若逆水而行，必然事倍功半。所谓识时务者为俊杰，就是要看清大势，果敢地做出选择，唯有如此，才能在追求成功的路上高歌猛进，凯旋。


## 4. 不必事事都较真儿

上善若水，静水流深。表面平静的大江大河，内里却深不可测，另有一番天地。

我们生活在一个丰富而多元的世界，在这样的世界上，很多事情不能用好坏对错简单地概括。我们每天都面对着不同的意见、不同的态度、不同的生活方式，承受着别人的目光、不解和非议。这样的时候，我们很容易急着去解释，或是去说服别人，以求达到意见的最终统一。

可是这个世界本就因为有形形色色的人、形形色色的事才精彩，如果非要每个人都奉行一样的处事方式，一样的人生选择，那么岂不是将每个人都变成了契科夫笔下的套中人？

有一天，寺庙中来了一个僧人，他为了和住持论禅而来。

住持问他："我听说你的师父在开悟的时候曾说了一句偈语，你是否还记得呢？"

僧人显得非常自信，他说："当然记得了，当时师父说的是：'我有明珠一颗，久被尘劳关锁；一朝尘尽光生，照破山河万朵。'"

看着僧人得意的样子，住持没说什么，只是笑着走开了。

这位僧人不明白住持为何发笑，心里非常愁闷，一连几天都思索着这个问题。终于有一天，他忍不住了，就去问对方发笑的原因。

住持说："唉，看来你的心中依然有执念，因为别人发笑而愁苦，一切源自你看不开，其实，笑骂随他去，你又何必为此痛苦。"

僧人听了，如当头棒喝，豁然开悟。


一旦你的心灵能够跳出生活的囹圄，包容不同的存在，那么人生也就豁然起来。


一位得道高僧自感年老体衰，决定从自己门下的两个得意弟子中选出一个衣钵传人。而高僧对两个徒弟的考核也很简单：各自出门去捡一片最完美的树叶，谁找到了谁就可以继承遗志。

两个徒弟听到师父的题目后，没有多想就领命而去，各自奔走。

没过多久，大徒弟拿着一片非常普通的树叶回来了。这片叶子看上去没有任何特别之处，更谈不上所谓的完美。

过了很长时间，小徒弟才回来。他两手空空，非常沮丧地对师父说："我看到外面有许多的叶子，但是按照您的要求，我看到这片叶子不如那片叶子好看，那片叶子又不如下一个完美。挑来挑去，我怎么也找不出一片最完美的树叶。"

高僧拿着大徒弟带回来的叶子，颇有深意地对他说："这片树叶虽然并不完美，但是它已经是我看到的最完美的树叶了，因为我已经从你的身上看到了我所需要的东西。"

师父进一步向他们解释说："其实，世界上本来就没有绝对的完美。如果事物都完美了，又哪里会有喜怒哀乐，又哪里会有人生百态？我们每天的修行也就没有意义了。修行的目的就是为了去除心中的杂念，让自己的心境尽量达到完美。"

大徒弟的过人之处就在于他明白这个世界上根本就没有完美的树叶，该宽容时就要宽容，不能一味地较真儿。

看破红尘便是仙，无为中道是有为。此时的隐而不发并非懦弱，而是不屑于周围的蝇营狗苟、纷繁复杂，独守内心的清明，才会换来潇洒自由的人生。

## 5. 少计较，自然少生烦恼

俗话说："日出东海落西山，愁也一天，喜也一天；遇事不钻牛角尖，人也舒坦，心也舒坦。"的确如此。这人生的路上风景和坎坷各占一半，若把路上的每根荆棘、每块石头都计较起来，人生就只剩下无尽的烦恼。

这个世界上没有什么是唯一的或不可替代的，无论少了什么，太阳依然升起，四季依然流转。一时的苦恼，只要换个角度，就能柳暗花明。无论是笔直的河道还是九曲十八弯的小溪，都唱着叮叮咚咚的歌声潇洒前行。学会洒脱随心的人生态度，就会发现，退一步，便海阔天空。

有一年，郑板桥专程来到山东莱州的云峰山观仰郑文公碑，因天色已晚而不得不借宿于山间的一处茅屋。

进屋后，眼前一位儒雅老翁，自然是小屋的主人，热情地招待了郑板桥。老人出语不凡，自命"糊涂老人"。

交谈中，老人请郑板桥欣赏陈列在屋中的一方砚台：如方桌般大小，石质细腻、镂刻精良，让郑板桥大开眼界。

然后老人又请郑板桥题字，以便刻于砚台背面。郑板桥则自觉老人必有来历，便题写了"难得糊涂"四个字，用了"康熙秀才雍正举人乾隆进士"方印。

因砚台颇大，尚有余地，郑板桥则请老先生也写一段跋语。顷刻间，一段小楷便赫然而现："得美石难，得顽石尤难，由美石而转入顽石更难。美于中，顽于外，藏野人之庐，不入富贵之门也。"随后也用了一块方印，印上的字却是"院试第一，乡试第二，殿试第三"。

郑板桥大惊，细谈之下才知道老人原来是一位隐退的官员。又有感于糊涂老人的命名，见还有空隙，便也补写了一段："聪明难，糊涂尤难，由聪明而转入糊涂更难。放一著，退一步，当下安心，非图后来报也。"这就是"难得糊涂"的由来。


人生在世，岂能时时顺心、事事如意？如此，做人就别太计较，该糊涂的时候就不要顾及自己的面子、学识、权势。聪明难，糊涂更难。所谓大智若愚，便是该聪明时聪明，该不计较就让它过去，适时地糊涂才是聪明的更高境界。

在美国经济最萧条的时期，一位贫困的 18 岁美国姑娘在朋友的帮助下终于找到一份在高级饰品店当售货员的工作。

一天，当她把柜台里的戒指拿出来整理时，刚好有一个中年男子从门外走进来，尽管那男子衣衫褴褛，眼神却很犀利，一副很骄傲的样子。他用一种贪婪的眼神盯着那些高级首饰。

突然，店里的电话响了，在姑娘慌忙去接电话时，一个不小心，就把盛着六枚钻戒的盒子碰翻了，顿时，钻戒全都掉到了地上。顾不上接电话，姑娘赶紧去捡戒指。

找了半天，却只找到五枚，当姑娘急得浑身冒汗时，猛然间看到那名男子正在大步向门口走去。一刹那间，姑娘意识到什么，于是在男子的手就要触碰到门柄时，她柔声叫道："对不起，先生，请等一等。"

那男子转过身来，神情十分紧张，脸上的肌肉有些抽搐，他发出的声音也有些颤抖："你，你叫我什么事？"

用可怜的眼神盯了那男子好大一会儿，姑娘终于开口："先生，这是我头回工作，您也知道，现在找个事做并不容易，是不是？"

男子愣住了，他久久地看着她，最后竟咧开嘴笑起来，他一边向姑娘靠近一边说："当然，我了解。不过，我相信你会在这里做得很好。"他终于走到姑娘面前，将手伸了过去，问道："我可以为你祝福吗？"姑娘立即伸出了手，当两只手紧紧握在一起时，她再次用柔和的声音说道："也祝你好运！"

接着，男子转身再次向门口走去，姑娘用感激的目光看着他的身影渐渐消失在门外。稍后，姑娘走回到柜台，把手中握着的带着体温的第六枚戒指放回了盒子里。

让我们试想一下，如果故事中的姑娘在发现戒指可能被男子盗走后，立刻大喊抓贼，那么很可能致使男子迅速地逃之夭夭或是为自保而伤害姑娘。无论怎样，都不是一个理想的办法，而姑娘不去计较他的偷盗行为，而是以柔和的方式对待，姑娘的柔和以及善良让男子动了恻隐之心，使他自动终结了自己的犯罪行为。

计较是人生诸多烦恼的根源，若能如水般洒脱，将沙石包容在胸怀，无论沿途景致如何都昂首前进，就能溅起生命中最美的浪花。

## 6. 能屈能伸，真丈夫

在现实的生活中，总有人秉承着"人不为己，天诛地灭"的处世态度，不肯吃一点儿亏。每当觉得自己稍遇不公，就情绪激动，轻则破口大骂，重则大打出手，将事情弄得不可收拾，让与其共事的人怨声载道，自己也丧失了内心的平静。如若有人从旁劝说，这样的人总振振有词："我又没错，都是别人的错，我干吗要认错？"

生活中的事，千头万绪，很多时候冲突与不和只是因为角度不同，并不一定有对错之分，这样的时候，只要不是原则问题，那么何不干脆低个头，认个错，如此便多一个朋友，少一个对头。

意大利艺术家米开朗基罗的雕刻作品"大卫像"是他最为成功的作品之一。

当大卫像刚刚雕刻好的时候，一个负责审查艺术作品的官员就表示对这座雕像很不满意。

米开朗基罗问这个官员："您看我的雕像有什么地方不合适吗？"

"依我看啊，这个雕像，从整体上看就是鼻子不好。"这个官员明显不懂雕塑，但为了维护自己的"官威"，还是无中生有地找麻烦。

米开朗基罗明知道官员所谓的"修改意见"是不可行的，但还是一本正经地说："是吗？"然后还站在雕像前看了一下，大叫一声："啊，果然是这样啊！您说得太对了，我现在就改！"说完后他就拿着工具开始了修改。

在一阵叮叮当当的声响过后，石粉纷纷落下，米开朗基罗放下工具，官员看着满地的大理石粉，又看了看擦汗的米开朗基罗。米开朗基罗问道："您看雕像现在看上去是不是好一些了呢？"官员马上说："嗯，比刚才强多了。"事实上，米开朗基罗根本就没作任何改动，他只不过是抓了一把大理石粉，将它撒下来，装作在修改罢了。其实雕像还是原来的样子！

显然，米开朗基罗并没有什么错，但是他并不想在无意义的事情上争论不休，于是选择了退一步。如果他钻牛角尖的话，说不定那个官员就会毁掉这个雕像。

大丈夫能屈能伸，若要成大业，面对无知的嘲笑也当笑纳。

李文娟是一家公司的设计员，不过，她对自己的工作特别不满意，在她眼里，自己怀才不遇，做了最辛苦的工作却得不到相应的报酬。在公司当中，有一个与她一同进公司的叫刘雯的人更是令她烦感，甚至恨之入骨。

她们两人是一同进公司的，才能不相上下，但是，李文娟却发现，无论自己有多好的创意和多独到的见解，她都得不到领导的赏识，相反，刘雯随便提一个建议，就能让领导采纳。所以，李文娟认为是刘雯影响了自己在公司的发展，每次只要一见刘雯，她就气不打一处来。

一天，刘雯的一个见解又得到了领导的赞赏，李文娟终于忍无可忍了，她怒气冲冲地跑到刘雯面前说："都是因为你，为什么你总是这么打压我？要不是因为你，我肯定会得到领导的重视，步步高升。可是就是因为你，我才没有施展才华的机会。"

面对李文娟突如其来的攻击，刘雯显得有些不知所措。但是她强忍住心中的怒火，心平气和地说："我不知道你为什么这么说，我扪心自问，从没有做过任何对不起你的事呀。如果我真的有什么地方做错了，请你说出来，我向你道歉。"

李文娟本来已经打算好与刘雯打个你死我活了，像这种无理取闹的挑衅，换谁都会勃然大怒的。刘雯的诚恳态度，出乎李文娟的意料，让她也不知所措起来，不知道接下来该怎么收场。

其他的同事看在眼里，都劝李文娟，有的人甚至还批评她的无礼。

让李文娟更为感动的是，在自己被众人指责成为众矢之的时候，刘雯并没有落井下石，而是对其他的同事解释说："没有关系的，是李文娟最近的压力太大了，有些事情是我做得不够到位，不能全怪她。"

这下，刘雯不仅把李文娟的怒火给彻底浇灭了，还赢得了其他同事的赞叹。李文娟对刘雯产生了莫名的钦佩，用感激的眼神看了刘雯一眼，从此她摆正自己的心态，与刘雯冰释前嫌成为好朋友，二人被公司誉为"黄金搭档"。

原本是李文娟无事生非，刘雯却主动道歉认错，从而感动了李文娟，两人得以化干戈为玉帛。

宽恕可以交友。如果有人不理解你，你不妨以一颗宽容之心去包容，谦卑地承认自己的错误，那么他就会体会到你的真诚。由此，敌人也能变成朋友。

## 7. 严于律己, 宽以待人

闲谈莫言人非, 静坐常思己过。这句话的意思便是要我们懂得严于律己, 宽以待人。议论别人的是非并不能给我们带来任何的好处, 相反, 如若传到别人耳中, 反而给我们徒增是非; 有去议论别人的时间, 不如将自己的事情做好, 只有这样, 才能不受干扰地铺就自己前进的道路。

你不能通过议论改变别人, 却可以通过行动选择自己成为什么样的人。不要把你的时间浪费在评判别人上, 要调动所有因素来增加自己的成功资本。改变生活的, 是踏实的态度, 而不是一肚子酸水, 整天为无聊的事喷口水。

汤姆是美国一家小图书馆的职员, 每天的工作就是整理书籍, 负责图书的借阅, 有时候还要修补坏了的图书。

这是一个薪水很低却很清闲的工作, 没什么升职加薪的希望, 每个职员都懒洋洋的, 看着图书馆长工作轻松, 每个月都有机会外出考察, 忌妒情绪不知不觉滋生出来。他们越来越不喜欢工作, 因为"馆长什么都不做就有高薪, 为什么我们要累死累活", 只有汤姆从来不说这种话, 他不认为这种酸溜溜的语气能够改变自己的境遇。

这天, 馆长突然对他们: "最近日本发生了地震, 虽然不是我们国家的事, 但上面有意借着这个机会做一次逃生教育, 你们快去做一个如何在地震中逃生的小册子, 作为知识手册发给来图书馆的读者。"

职员们都不太高兴，他们问：

"为什么不找专门的作者？"

"有加班费吗？"

"这并不是我们的工作吧？"

只有汤姆立刻找到了与地震相关的书籍，拿回家开始整理这本小册子，为了更全面，他还找了面对其他灾害（如台风、海啸等）时需要采取的应对措施。这些工作用了五天时间，五天后，他把弄好的稿子交给了馆长，馆长看了他一眼，并没有说什么。

小册子顺利印刷，免费发放给借书的读者，馆长还在小册子上特别加上了汤姆的名字，这为汤姆带来了名气，很多杂志找他约稿，让他多了不少额外收入。更让他意外的是，那次以后，馆长每次外出都带着他，有什么重要的事都交给他，没几年，他就成了副馆长，成了同事们忌妒和议论的第二号人物。


我们常常指责别人的生活方式，却不知先反观自己的评价标准；我们常常带着不知满足去抱怨别人不够谦和，却极少反思自己是否足够宽容；我们常常带着防范之心去寻找别人话语的言外之意，却忘了是因为我们自己的窗户脏了，才觉得世界灰暗。

宽以待人，就是别去挑拣他人的毛病；严于律己，就是别纵容自己的缺点错误。


查理出身贫寒，初中毕业后就离开了家，他赌博、斗殴、酗酒，同"边缘人物"混在一起。他在同伴的影响下，也干起了非法的事情，后来，他还因为走私而被抓了起来。被判刑之后，查理并没有改邪归正，他反而等待着狱警的懈怠，以便越狱逃跑！

但此时发生了一件事情，查理的妈妈寄来一封信："你提起被关在监牢多么难受，我真的可以理解。查理，你可以选择看着铁窗，也可以选择透过它看外面的世界；你可以成为囚友的榜样，也可以与那些捣乱分子混在一起。这一切，都在于你内心的选择。"看完妈妈的信，查理悔悟了，他决定停止敌对行动，争取好的表现，变成这所监狱中最好的囚犯，进而改变自己的人生。

积极的心态让查理看起来热切和诚恳，因而博取了狱吏的好感。从那一瞬间起，他整个的生命力都流向对他最有利的方向，他顺利地获得了一份电力工作。"我一定要干好这份工作，我可以的"，在这种信念的支持下，查理改邪归正了，他开始认真地学习、工作，没多久他就成了监狱当中电力厂的管理者，在他手下有上百人！查理鼓励狱友像自己一样，通过努力改变自己的境遇。在他的影响之下，大家和他一起努力，很快，他们就因为表现良好而提前出狱，重返社会了。


很多从监狱出来的人再次犯罪重回监狱，他们的说辞总是："是跟其他犯人在一起而学坏。"相反，查理正是不去找别人的毛病，而一心重塑自己，终于得以成功重回社会。

无论你怎样挑剔，怎样议论，怎样不满意别人，你也改变不了别人。既然如此，何不把精力节省下来用来改变自己的生活。

每个人都应该有容人之量，即使你很优秀，总会有人比你出色，真正优秀的人都是心灵的胜利者，不会看着别人的收获指指点点，于是，他们的生活中就充满了沁人的甘甜。

## 8. 所谓清高，应是清泠若水而不骄

清高，可以是好事，也可以是坏事。

君子的清高，在于纯洁高尚，在于不趋炎附势，不同流合污，《孔丛子·抗志》中说："夫清高之节，不以私自累，不以利烦虑，择天下之至道，行天下之正路。"

而狭隘的清高，变成了孤芳自赏，自命不凡，这样的清高便和傲慢画上了等号。

在我们的生活中，我们每天都在不断地定位自己，我们在家庭中，在工作中，在朋友同学中，都扮演着不同的角色。对这些不同角色的定位构成了我们对自己的认知。

而我们对自己的认知是正确的吗？很多时候，因为别人的恭维，因为事情的顺遂，因为几次的成就，我们很容易就高估自己的地位，而陷于自我陶醉之中。就这样，我们难免自视甚高，自以为出淤泥而不染，其实却早被骄傲之情占据了内心。

清高，应是如水般清泠而不骄。水至清则无鱼，一味孤芳自赏、自认清高，不是英明的处世之道。

王亮是一所名牌大学的高才生。大学毕业后，他应聘进入一家外资企业，与他同时进来的同事，条件都没有他好，要么学历低，要么专业技能不强。

对比之后，他觉得自己是公司的绩优股，可以在此大展拳脚。

抱有这种想法的王亮，每当领导让他做最基础的工作时，他就觉得自己被大材小用了。一次，主管让他做一份签约合同，他满心不情愿地去做。结果，他将进货价500写成了50。幸亏主管及时发现了这个错误，否则公司将会损失一大笔钱。事后，主管批评他，他不以为然，说："我又不是秘书，不擅长做这种事情。如果让我做技术含量高的事情，肯定不会出错。"

王亮的态度让主管很不满意，没过多久，名牌大学的高才生王亮就辞职了，而和他同进公司的同事，有的升职，有的加薪。

故事中的王亮在职场上受挫，敌人不是别人，而是他自己。他将自己摆在了重要位置，认为自己是公司的天才，应该将最重要的工作交给他，而不是做小事。正是因为这种想法，他最终出局。

清高没有错，但要把清高当作纯洁高尚的品德来看待，而不能把清高和孤芳自赏画上等号，不然，清高就只能成为让一个人不知不觉走向失败的毒药。

## 第十二章 ／ **如水的豁达：**
### 容天下难容之事，则必成人中之杰

海纳百川，有容乃大。对于世间万物，能容纳才能接受，能接受才能拥有。当你拥有了海纳百川的气度，就拥有了博大的胸怀，就拥有了成就事业的诸多资源和实力。这时，成功离你还会远吗？

## 1. 海纳百川，有容乃大

海之所以能有无限的深度和广度，就在于它兼收并蓄，海纳百川。这是告诉我们，做人要有如大海般广博的胸襟，能容人，能容事，才能成就自己的厚度。

我们每天都在和形形色色的人打交道，有朋友，也难免有难以相处的敌人。这样的时候，只要有海纳百川的气量，便可以将敌人也变成朋友。

"风来疏竹，风过而竹不留声；雁过寒潭，雁去而潭不留影。故君子事来而心始现，事去而心随空。"这句话的意思是说，万事万物到头来都是一场空，所以应当抱有宽容的态度，以海纳百川的胸怀保持自己的本性不失。

晚上，老禅师像往常一样在寺庙的院子里散步，忽然发现在墙角边有一把椅子，一定是哪个小和尚贪玩儿，不守寺规，偷偷踩着椅子翻墙出去玩耍了。

老禅师将椅子移到一边，在椅子原来的位置慢慢地蹲下身子。不一会儿，果真传来一阵咚咚咚的跑步声音，声音走到老禅师背后的墙外停下了。只听那人稍一纵身，就蹿上了墙头，也许是夜黑没有看清椅子已被老禅师移走，那人踩着老禅师的肩膀就翻墙过来了。

原来是贪玩儿偷跑出去的小和尚。小和尚立刻知道自己冒犯了老禅师，于是惊慌失措地低下了头，等待责罚。可老禅师不但没有任何责怪，反而平静地说："晚上凉，赶紧回去加件衣服。"

此后，再也没有贪玩儿的小和尚偷跑出去过。

小和尚偷跑出去玩儿，冒犯了老禅师的规矩和权威，而踩在老禅师的肩膀上，更可谓大逆不道。然而老禅师早已看淡了世间事，获得了禅意生活的大智慧。因此，对于弟子的冒犯，他不会动气，而是不动声息地消化掉。在这个宽容的过程中，他的威严反而得到提升，小和尚们再也不会因为贪玩儿而偷跑出去。

无法看淡生活中的不平事，是对生活的苛求太多，想让生活受自己的思想支配，美好与丑恶全要自己决定，这难道不是愚人的痴梦吗？生活本来就有精彩也有平淡，有坦途也有荆棘，只有学会宽容，懂得忍让，才能看淡生活中的不平事。

蔺相如，战国时期赵国的大臣。他在两次出使中，以聪明机智的应对保全了赵国的威严，受到赵惠文王的器重，拜他为上卿。

赵国大将廉颇对蔺相如被封为上卿一直心怀不满，他认为自己作为赵国的大将，一直出生入死，攻城守城，扩大疆土，没有功劳也有苦劳呀！蔺相如要耍嘴皮子怎么就身居高位了呢？对此，廉颇气愤不已，他下定决心一定要给蔺相如点儿颜色看看。

廉颇的这种想法被蔺相如知道后，蔺相如只是微微一笑。从那天开始，蔺相如为了不使廉颇在临朝时位列自己之下，总称病不上朝。

一天，蔺相如带着门客坐车出门，远远看见廉颇的车马迎面而来。蔺相如立即下令退到小巷里去，让廉颇的车马先过去。这件事引起了蔺相如门客的不满，大家纷纷说："难道您怕他吗？不上朝已经让着他了，现在又让他的马车！"

蔺相如对门客们解释说："面对强大的秦王，我都敢当庭呵斥，羞辱他的群臣，我还会怕廉颇吗？秦国之所以不敢来侵犯赵国，就是因为有我和廉将军。如果我们两人不和，秦国知道了，就会趁机来侵犯赵国，因此，我还不如忍让点儿呢！"

蔺相如的话传到了廉颇的耳朵里，他为自己的想法和做法感到惭愧不已，于是赤裸着上身，背着荆条，到蔺相如的家里去请罪。蔺相如见到廉颇，连忙扶起他，说："我们同为赵国的大臣，将军能体谅我，我已经万分感激了，怎么还来给我赔礼呢。"这便是历史上著名的"负荆请罪"的故事。

从那以后，廉颇与蔺相如一文一武结为刎颈之交，生死与共。


宽容是友谊的奠基石。如果我们对身边的每个人都充满了一颗仇恨之心，以挑剔的眼神看待周围事物的话，那么我们就不会欣赏到友谊之花的美丽。有时，对手可能让你十分气愤，他陷害你、侮辱你、处处为难你，如果此时你的火气上撞，以牙还牙，那么你们的仇就结上了。但是，如果此时你以德报怨，高尚地宽容他的过失，委婉地提醒他的错误，那么可能对手就变成了朋友。

有了海纳百川的胸怀，我们就能拥有更多的朋友，而这些是一个人追求成功或幸福和平的生活必不可少的。


## 2. 容天下难容之事，则必成人中之杰

帝王将相的时代过去了，卧薪尝胆似乎也成了故事里的典故。对于生活在高楼大厦的现代人来说，那些古代英雄忍气吞声地蛰伏着等待机会并最终一飞冲天的故事似乎太过虚幻了。

然而无论时代怎样变化，包容的智慧却从未过时。只是在生活方式更加精细，人们的所思所想更加复杂的今日，容忍不再只是粗线条的卑躬屈膝，也不再需要卧薪尝胆，而是成为生活中的一次礼让，一次宽容，一个理解的微笑。

宰相肚里能撑船。只有那些包容普通人所难容之事的人，才能做出普通人所难以做出的成就。

说到苏格拉底，他"惧内"的名声几乎和他的哲学思想一样有名。关于他和妻子，有这样一则著名的笑话以不同的语言在全世界流行着：一次，苏格拉底正和学生们在家就一个哲学问题进行交流时，他那泼辣彪悍的妻子突然怒气冲冲地从外面冲了进来，嚷嚷着几件鸡毛蒜皮的小事把苏格拉底骂了个狗血喷头。苏格拉底并不顶撞妻子，只是和学生们说咱们去广场上接着讨论。谁想刚刚迈出房门，妻子将一桶水从二层泼下，把苏格拉底浇了个落汤

鸡。在场的学生全都目瞪口呆，以为一场家庭大战将不可避免，谁知苏格拉底只是缕一缕湿淋淋的头发，幽默地说："我就知道雷鸣之后一定有场大雨。"

苏格拉底身边的朋友曾忍不住问他："你为什么要一直容忍这样的悍妇？"苏格拉底的回答颇为深刻睿智："擅长马术的人必要选择烈马来骑，一旦驾驭了烈马，那么其他的马就都不是问题。我如若能忍受得了与这样的女人朝夕相对，那么再与天下人相处也就不是难事了。"

苏格拉底娶了一位粗暴妻子的事尽人皆知，关于她如何对这位大哲学家动辄破口大骂甚至动手就打的故事被当作逸闻趣事传遍天下。在两人的关系中，苏格拉底一再忍耐，一再退让，使得他几乎成了历史上最有名的"妻管严"。然而苏格拉底的形象却并未因此而有丝毫的贬损，反而他在处理婚姻关系时所体现出的宽容、智慧和修养至今为后人所称道。


在苏格拉底看来，暴躁的妻子正成了考验他能否真实地实践自己的人生哲学与智慧的机会。他并没有因为妻子的蛮横就将自己也变为同样粗暴的形象，相反，他将妻子经常性的辱骂当作可以涤荡净化自己精神的契机。他以宽容的心胸、豁达的自嘲将一次次家庭危机不着痕迹地化解为幽默一笑。

我们每个人都是凡人，在面对凡人难容之事时，极容易放纵自己的心，从而产生急躁的情绪。而实际上，在每个人的灵魂和肉体里都蕴藏着一种主宰自我的力量，那就是克制力。很多时候，当你忍不住要着急时，不妨将你的动作慢下来，时间会给您最好的判断。


冒顿是匈奴头曼单于之子。头曼单于死后，冒顿成为了部落的新首领。

冒顿上位之后，邻国东胡觉得冒顿刚刚执掌大权，地位还不稳固，就想浑水摸鱼，敲诈他一笔。

东胡王派出一个使者来到匈奴，向冒顿索要头曼单于生前所骑的千里马。

冒顿虽然年纪不大，头脑却非常灵活。他心里很清楚，自己刚刚夺得单于之位，政权不稳，现在还不能与东胡王抗衡。可是如何去应对，他却陷入了沉思。于是他便召集群臣商议此事。

大臣们都说："千里马是我们匈奴国的宝物，不能给他。"众人纷纷怒不可遏，大有与东胡一决高下之意。只有冒顿一言不发，他静下心来想了想，然后摆摆手说："我们和东胡是邻国，往来频繁，怎么能因为一匹马而把两国的关系闹僵呢？"

于是，冒顿下令把这匹千里马送给了东胡来使。东胡使者牵着马，非常高兴地回去了。

可是，从那之后东胡一而再、再而三地提出无理要求，虽然臣民愤慨，但冒顿却显得并不在意。后来，经过数年的忍辱负重，冒顿的部落变得强大起来。这时他决定亲自率领军队，讨伐东胡。

自从顺利得了宝马和其他东西，东胡王便认为冒顿是个软弱无能的人，他做梦也没想到冒顿单于竟然敢来跟自己打仗。因此，当匈奴大军突然杀过来的时候，东胡人被打了个措手不及，很快便溃不成军。

冒顿之所以能够成功，就是因为他能够冷静地克制住自己的怒气和冲动，忍常人之不可忍，最后厚积薄发，马到功成。

对难容之事的宽容，不是退缩，不是逃避，不是以被动的态度处事，而是以宽容和忍耐化解矛盾，以退为进，厚积薄发。生活中总会遇到难容之事，如果我们非要和别人厮杀一番，结局很可能就是两败俱伤。而适当地包容忍耐一下，控制自己的所作所为，往往就能春风化细雨，一切回归风平浪静。

### 3. 让他三尺又何妨

著名国学大师季羡林先生曾在一篇名为《容忍》的文章中这样写道："现在我们中国人的容忍水平，看了真让人气短。在公共汽车上，挤挤碰碰是常见的现象。如果碰了或者踩了别人，连忙说一声：'对不起！'就能够化干戈为玉帛，然而有不少人连'对不起'都不会说了。于是就相吵相骂，甚至于扭打，甚至打得头破血流。我们这个伟大的民族怎么竟变成了这个样子！我在自己心中暗暗祝愿：容忍兮，归来！"

让人三尺又何妨，正是在这样的相互谦让中，才有了和谐的社会，才有了相敬相爱的朋友知己，才有了平和幸福的人生。

林山和林峰是两兄弟，两人从小就关系很好，几乎到了形影不离的地步。长大后，兄弟俩合伙开了一家小饭店。因为饭店临近学校，兄弟俩给的饭量足，饭菜做得又美味，他们的生意很快红火起来。几年过去，当初的路边小铺变成了亮着霓虹灯的大饭店，兄弟俩也不需要再亲自下厨，而是穿起西装、打起领带坐在了办公桌后面。

事业成功之后，兄弟俩先后成了家。但在结婚的喜悦过去之后，兄弟俩就发现共同经营的事情不像以前那么简单了。

以前在利润分成的时候，兄弟俩总是看谁需要用钱谁就多拿点儿，从来不认真计算。可是现在却不能了，兄弟俩必须把每一分钱都算得清清楚楚的，否则回到家里老婆定会闹得鸡飞狗跳。其实若只是要求亲兄弟明算账，兄弟俩也不至于头疼至此，最让他们烦恼的，是原本无冤无仇的两个妯娌都把对方当成敌人来看。她们每次见面都话里带刺、恶声恶气，私下里各自向老公抱怨对方的不是。而兄弟俩每次想劝妻子几句，一开口刚说妯娌其实人不坏，妻子就开始大吵大闹。到后来，两妯娌都开始各自劝自己的丈夫别再和兄弟合伙做生意。

因为承受不了老婆的压力，兄弟俩只好商量着把生意分开，可是这样一来，两个女人又为了饭店的经营权吵得天翻地覆，各自逼着丈夫一定要把经营权抢到手，丈夫若表现出一点儿犹豫，便大骂丈夫"没出息。"

吵了半年没吵出结果，饭店的生意却一直耽搁着不能开门。林山终于忍受不了这样的日子表示不愿意再争经营权了，妻子就威胁林山要离婚。忍无可忍的林山便狠狠答道："离就离。"

结果，一个好好的家庭就这样破碎了。而林峰接手店面后，由于之前半年停业时的欠债数额巨大，又没了哥哥的帮衬，这家曾红火一时的饭店也在艰难支撑了一年之后就关门了。


因为不懂相让，每个人都只想将自己的利益最大化，导致最终没有一个人受益。如果兄弟两家能拿出退一步海阔天空的精神，彼此各让一步，那么每个人都能从饭店的生意中得到利润。

人们都记住了让梨的孔融而没有记住吃到大梨的是谁。很多事情，何必在意一时的输赢，让人三尺，反而获得了更大的天地。懂得让的智慧，就是别去计较生活中那些不如意的琐碎小事。闲话，听完就过去，别在心里反复琢磨是否有弦外之音；别人偶然的冒犯，就宽容地原谅，如此，自己也可以将目光从生活中琐碎的不如意中收回，从而投向更广阔的天地，到达海阔天空的豁达境界。

## 4. 怒火烧连营，兵败白帝城

海阔凭鱼跃，天高任鸟飞。这样的境界哪怕只是想想，也觉得妙不可言，这样的生活谁不期待呢？然而生在广阔世间，我们却常常因为一些小事郁郁不乐，从而一叶障目，看不到整个世界的阔达。

人人都希望过上无忧无虑的生活，然而现实毕竟不是桃花源，我们每天都面对着种种琐碎的烦恼。

"真倒霉，又塞车了"、"真倒霉，又没车位了"、"真倒霉，饭里居然吃出了沙子"、"真倒霉，刚洗了车又下雨了"……诸如此类的小小烦心事，我们每天都在经历着，却依然常常为这些天天都在发生的小事而大动肝火，破坏着自己的心情。

人一旦变成怒气的奴隶，就无法做出客观的判断，遇事无法从容冷静地做出正确的选择。


刘关张桃园三结义，通过兄弟的辅佐，刘备终于得到了荆州，在那里称帝了。但是，他胜利的果实并没能保持很久，因为关羽的失误，荆州被夺，关羽也因此命丧黄泉。

得知荆州失守，刘备愤怒，得知兄弟被杀，他更是怒不可遏，当即决定要讨伐东吴为兄弟报仇。

赵云并不赞成刘备的决定，他劝说刘备："现在孙权并非首要的敌人，曹氏才是国贼，即便曹操已死，但曹丕却自立称帝，现下如果与东吴交战，势必没有精力讨伐曹贼，如此一来，会有损大计！还望陛下三思而行。"

赵将军说得的确有理，刘备也非常清楚，但是手足之情让他无法释然。刘备的心中只有为兄弟报仇的信念，再也听不进其他意见，因为满腔的愤怒，他失去了理智，决心要与孙权开战。

赵云再劝道："曹丕篡汉的仇恨是大家的仇恨，兄弟之间的仇恨是私人的仇恨。希望陛下以天下为重。"

谁想赵云的劝说并不起效，刘备是铁了心要为关羽报仇了。刘备遂起兵伐吴，欲扫平江东。但最后落得个火烧连营、白帝托孤的下场。


失去兄弟的刘备悲愤交加，已经处于十分急躁的状态，愤怒情绪让他失去了理智，因此才会不听赵云的再相劝，最终连吃败仗，落得白帝托孤的下场。如果当时刘备能冷静下来，仔细理一下思绪，详细制定战略，审时度势地分析目前情况，那么局势肯定能扭转，不会旧仇未血又赔上性命了。

制怒需要忍耐。忍耐是一种风格，更是一种风度。初学象棋的人总是想着与别人较量，就是观人下棋时也总想着指挥几下，被人教训："观棋不语真君子！"不过，这些人很少去仔细思考这"真君子"的含义，还是叫嚣着以"棋王"自夸，胜利时手舞足蹈，一招失利便慌张补救，自然，最终他们会成为极容易被打败的"棋王"。

从象棋中是很容易看出一个人心性的，心浮气躁者往往都是失败的一方，而那些手拿茶壶、稳稳当当的人往往都是高手。他们一招走先不会喜形于色，一招失利也不会心慌意乱，人生正是如此，心浮气躁是人活于世最大的敌人。将心收住，安心看待世界风云变化，不浮不躁地处理一切事情，你的修养、气质便显现出来了。

懂得制止怒气的人一定有一颗强大的内心。无论是在职场，还是在生活中，我们总会遇到让自己感到不满的事情，可是有的人会巧妙地化解这种坏情绪，有的人却由着性子来。不是前者没有脾气，也不是他们懦弱，而是他们的思维方式和处事方式较为理智罢了。

## 5. 退一步，就能看到无边的天，无垠的海

英国哲学家培根曾说："报复的目的无非只是为了同冒犯你的人扯平，然而有度量原谅别人的冒犯，就使你比冒犯者的品质更好。"

因此，在面对别人的有意攻击时，我们与其情绪激动地反唇相讥，与人争斗，不如温和一点儿，宽容一点儿，坦然自若地去面对。这样既能维护好内心的平衡，又能和风细雨地化解矛盾，进而赢得别人的赞叹，何乐而不为。

每个人，无论是平民百姓，还是名垂青史的大人物，谁的功绩簿上不是毁誉参半？不同的是，有智慧的人懂得非议、毁谤不过是人生的一半，他们可以以宽容的胸怀抵御来自这一半的负面力量，从而解放心灵，以全部的精力来创造人生的辉煌。而对于缺乏这样的智慧的人，一经受非议就急着要洗清自己，做出种种样子来证明自己，却不知不觉把自己的全部心力都禁锢在生活中灰暗的那一半之中，有的甚至放弃了本可辉煌灿烂的人生。

有一位名导演，近年来热衷于执导舞台剧。有一回，一个很刁钻的记者竟在记者会上问他："你这样热衷执导舞台剧，是不是你拍的电影不卖钱，没能力拍大片就只好搞小型的了？"从这位记者的言语中，不难看出他对舞台

剧的贬低之意。

这位导演听后，立刻气得满脸通红，然后大吼着对记者说："你是个什么东西？说话长脑子没有？有你这样说话的吗？你是哪家报社的？"说完，他就拂袖而去了。

记者的问题确实过分，但是，这位导演的反应过激了，没有风度，这使得观众也对这位名导演的印象大打折扣，就连一些投资方也对他产生了一定的反感。

事实上，这位导演完全不必理会记者的无聊刁难，沉默或许是最好的回击方式。但是，他如此对待问题，即使不是他的错，观众看到他过激的表现之后也会猜测："这位导演是不是被人说到要害了，所以恼羞成怒呢？"

如果面对周围人的恶语中伤，你沉不住气，总是感情用事地与他们理论，那就是拿别人的错误来惩罚自己。只要自己行得正，坐得直，问心无愧，根本就没有必要去与别人一般见识，路遥知马力，日久见人心，时间自然会证明一切。

莹莹单纯直爽，毫无心机，一起干活儿的搭档晓峰没少欺负她。脏活儿累活儿都扔给她不说，晓峰还常在老板面前故作勤奋状，却将她贬得一钱不值。另外一个搭档阿达也常常受到晓峰的挤兑，阿达为此愤愤不平，常常对晓峰反唇相讥，甚至也多次跑到老板前面说晓峰的种种不是。

看到老板对此并没有给出回应，阿达心里十分不平，便也开始消极怠工，处处和晓峰作对。

但莹莹却没有理会晓峰的挑衅，不但工作起来更加卖力，还不断地充实自己。

一天，主管心血来潮，要对所有的员工进行能力测试。勤奋努力的莹莹自然立刻脱颖而出，而晓峰和阿达都没能通过测试。

　　这时，晓峰贬损莹莹的伎俩被人一语点破，可是阿达却失去了升职的机会。


　　对于别人的诋毁，莹莹选择了容忍，没有让别人的非议影响她的工作，终于莹莹靠一贯的努力抓住了机会，证明了自己。如果莹莹和阿达一样对晓峰反唇相讥，只顾抱怨，那么，她也会和阿达一样被愤怒冲昏头脑，失去进步的机会。

　　清者自清，以忍灭嗔，用实力证明自己，用涵养而不是恶毒的回击来胜过别人。以强大的内心心平气和地面对，拥有"退一步海阔天空"的气度，你就会看到无边的天，无垠的海。看淡生活中的不平事，莫要让苛求赶走了快乐，你便会拥有看淡之后的神清气爽。


## 6. 对手，我们不断进步的动力

　　在生活中，我们常常会把对手当成敌人，并且会不断地提醒自己：他是我的对手，也就是我的敌人！如果他成功了，我就会失败，所以，我对他千万要小心谨慎，不能对他有半点儿的好心。更有甚者，内心会对对手产生怨恨、仇视心理，在背后冷不防地"插上一刀"、"踩上一脚"。

　　殊不知，这是一种十分狭隘的思维方式。因为我们的对手带给我们的除了威胁，还有竞争意识、危机意识和不断进步的动力，在这样的环境中，我们成长的动力更大。有了对手，我们才不得不发愤图强，不得不锐意进取，不敢稍有懈怠。否则，就只有等待被替代、被淘汰的命运。

只要摆正心态，"敌人"就犹如一剂强心针，一部助推器帮助我们进步和成长。

为了吸引更多的游客，动物园从遥远的美洲引进了一只剑齿豹。据说，这种剑齿豹非常勇敢凶悍，它们一天能够捕捉三只羚羊，而其他的美洲豹一天一般只能捕捉一只羚羊。为了能够让这个"远方贵客"吃好玩儿好，动物园的管理员们每天为它准备了精美的饭食，还特意开辟了独立场地供它活动。

可是这么好的生活条件，剑齿豹却日益无精打采。动物园的管理员以为，可能是剑齿豹对新环境不大适应，过一段时间就好了。谁知道两个月后，剑齿豹还是老样子，它甚至连饭菜都不吃了，奄奄一息。这下园长可着急了，连忙请来兽医多方诊治，可是没发现剑齿豹有任何毛病。

就在这时有人提议，不如在剑齿豹生活的领域放几只老虎。原来人们无意间发现，每当有运送老虎的车辆经过时，剑齿豹就会站起来怒目相向，严阵以待。这个办法果然很有效，剑齿豹很快就恢复了往日的活力。

剑齿豹之所以毫无应有的凶猛野性，在于它缺少天敌，生活安逸。而老虎的"入侵"，则唤起了它的竞争意识，试图和老虎一比高下，因此它必须活跃起来。

孟子说："生于忧患，死于安乐。"当我们身边只有朋友而没有对手时，我们很容易在朋友善意的奉承中陷入自我满足和自我膨胀之中。只有面对对手时，我们才会警觉起来，为了不被对手抓住缺点而完善自己，为了不给对手可乘之机而做事加倍地小心和认真，为了战胜对手而全方位地提升自己的能力。

我们如何处理与对手的关系，展现了我们的人生智慧和涵养。

曹操与刘备煮酒论英雄。虽有人说曹操气度不够，但是他在知道刘备有可能成为他的对手时，却并没有先下手为强。他对刘备说："天下英雄，唯操与使君。"这种对对手的认同是多么的难得。

对手可以成就我们的另一只手，其关键就在于我们对待对手的态度，不要被仇恨掩盖了理智，而要采取积极的应对，通过完善自我，提高自己的竞争力来和对手一较高下，如此，所谓的对手也就成为了助我们走向成功的助推器。

## 7. 感化永远胜于强迫

生活中，我们常常面对着因意见不同、想法不同而造成的分歧。这时候，我们常常因为得不到对方的认同而急躁，恨不得强迫对方接受自己的看法。我们也常常面对着来自他人的敌意，也许仅仅是因为我们从与他们平级被升职为他们的上司，这常常让我们很苦恼，恨不得以权威命令他们尊重我们。

然而这世界上，最无法被强迫的就是人心。我们可以强迫对方做出表面的顺从，但若想对方心服口服，就只有通过感化。

18 世纪末的时候，华盛顿担任了美国总统一职，并组建了联邦政府。他坚持要兼顾南方人的利益和北方人的利益，也要兼顾各个党派的利益，对于不同的政治观点也要给予同等的发言权。目的是为了听取不同的意见，集中起来进行综合、比较、鉴别，从而去伪存真，做到公正合理。

经过一番选拔之后，最终内阁成员选定了：托马斯·杰斐逊出任国务卿一职；亚历山大·汉密尔出任财政部部长一职；德豪·伦道夫出任司法部长一职；高利·偌克则担任陆军部长一职。他们四个人来自不同的区域，所属势力不同，甚至没有相同的政治观点，但他们都同样出色。因此，他们之间总是存在着严重的意见分歧。

不过，华盛顿对待他们不偏不倚，无论是怎样的分歧，无论他倾向于哪种观点，在倾听的时候他都非常认真，并想办法找到双方都能接受的公平意见，做出正确、科学的决策，而且把这些人都团结在自己周围，使之造福于国家。

华盛顿不是不可以以总统的身份强迫别人接受自己的政见，但是若是如此，对方心中必然留下不满，日后便不会全心全意地为新政府效力。华盛顿明智地选择了试着与不同风格、不同背景、不同思想的人做朋友，遇到与自己不一致的观点或做法时，想想别人合理的地方，他们为什么会这样想、这样做，努力做到"不偏不党，王道荡荡"，如此雅量正是政治家的胸怀。

俗话说"有理走遍天下，无理寸步难行"，也就是说道理非常重要，不过即便道理站在我们这边，也不一定非要争个你死我活。在现实生活中，经常可以看到一些人一旦得"理"便不饶人，非逼得对方鸣金收兵或竖白旗投降不可，结果看上去得"理"了，事实上却早已失"礼"。

胡斌是从美国留学回来的硕士生，他学历高，口才棒，思维敏捷，业务能力又强，在公司会议中常出风头，他提出的策划方案总是能够得到众人的肯定，对此他非常自豪。但是对待同事的一些不成熟的意见时，他就变了一张脸，只要同事做错了事，或者不小心惹了他，他就会不留情面地破口大骂。

胡斌并不认为自己的行为有什么问题，他觉得自己没有任何错，因为自己开骂的时候往往是以别人做错事为前提的，既然自己有道理，那么说什么也都是应该的，更何况自己这么做也是为了别人好。不过同事们就不这样想了，他们无法接受胡斌的做法，这使得胡斌受到了孤立，没有人愿意和他合作共事，他的工作遇到了重重困难，最终被迫离职。

人非圣贤，孰能无过？得理不让人，只会弄巧成拙，事与愿违，适得其反。本事例中胡斌原本是有理的，但是他的做法不对，如果他能对他人的错误和冒犯采取包容和理解的态度，那么人心换人心，他一定会得到同事们的理解和支持。

在马路上，看到行人莽撞或不遵守交通法规时，不少驾驶员往往会提高嗓门骂几声之后扬长而去，碰到被骂者有"发火"的，就会展开对骂，甚至对打。但假如这些驾驶员能够以感化代替训斥，温和不失严肃地告诫一声："性命攸关，请遵守交通规则！"这样既可以起到教育他人的作用，又不失自己的文明风度。

感化永远胜于强迫。强迫只能得到别人一时的顺从，而感化却能得到一个真心相对的朋友。